KLOPP

THE LIVERPOOL FC CELEBRATION

克洛普时代

利物浦俱乐部官方传记

英国利物浦足球俱乐部 / 著
何小毕 / 译

西苑出版社
XIYUAN PUBLISHING HOUSE
金城出版社
GOLD WALL PRESS
中国 · 北京

LFC

图书在版编目（CIP）数据
克洛普时代：利物浦俱乐部官方传记 / 英国利物浦足球俱乐部著；何小毕译. -- 北京：西苑出版社有限公司，2025. 6. -- ISBN 978-7-5151-0966-4
Ⅰ. G843.656.1
中国国家版本馆CIP数据核字第2025P19L77号

克洛普时代：利物浦俱乐部官方传记

作　　者　英国利物浦足球俱乐部
译　　者　何小毕
责任编辑　王振强
责任校对　王思硕
责任印制　李仕杰
开　　本　889毫米×1194毫米　1/16
印　　张　18
字　　数　294千字
版　　次　2025年6月第1版
印　　次　2025年6月第1次印刷
印　　刷　鑫艺佳利（天津）印刷有限公司
书　　号　ISBN 978-7-5151-0966-4
定　　价　138.00元

出版发行　西苑出版社有限公司 金城出版社有限公司　北京市朝阳区利泽东二路3号　邮编：100102
发 行 部　（010）84254364
编 辑 部　（010）64391966
总 编 室　（010）88636419
网　　址　http://www.jccb.com.cn
电子邮箱　xiyuanpub @163.com
法律顾问　北京植德律师事务所　18911105819

目录

LFCTV
YOU
LUV

序言

我在利物浦度过了一段无比特别的时光。有人可能会说：你们的成绩本来可以更好。没错，在许多重要比赛中，我们总是差了那么一点点，结果不尽如人意。但我们一路走来，也取得了很多成就，无论从过程还是结果来看，都称得上意义非凡。我并非自夸，只想歌颂我生命中这段无悔的经历。正如歌中所唱：“朋友，那真是一段美好的日子呀。”

利物浦这家俱乐部很棒，利物浦的球迷也很棒，这并非新鲜事，很多人都了解这一点，我在执教利物浦前也有所耳闻。来利物浦之后，我有了亲身体验，才发现自己还是低估了这家俱乐部，也低估了利物浦球迷，他们真的太棒了。何其有幸，我能与他们同行将近 9 年，一起经历那么多奇迹。我一辈子都忘不了这段旅程，更忘不了那些曾风雨同舟的旅伴。

我最忘不了的当然是球员、教练和工作人员。我从不讳言，我欣赏那些才华横溢的球员，发自内心地喜欢他们。在利物浦，我有幸与许多这样的球员共事。他们有能力，每天都很努力，这也得到了很多人的支持。所以，这些球员荣誉满满，未来他们肯定能够再创佳绩。这是许多人共同努力的结果，但是，最重要的那一步终归要由球员自己迈出。而我带过的利物浦球员中，不少人都有决心迈出那一步。

这些球员之所以这么做，不只是为了个人的进步，更是为了让利物浦变得更好、更强。俱乐部的成功离不开他们的贡献，今天回想起来，那些往事依旧历历在目。我在利物浦共事的教练和工作人员也很优秀，其中一些人可能为大家所熟知，还有一些则默默无闻，因为他们有的在台前，有的在幕后。我们一起走过了这段旅程，人数太多，无法一一提到名字。但每个人都非常重要，都发挥了不可忽视的作用。当然，我们也不能忘记那些创造条件、让这一切发生的俱乐部老板。

大家的贡献只能用“巨大”来形容。我们不管做什么都同心协力，没有单打独斗，只有精诚合作，全力维护俱乐部的利益。如果没有这种精神，我

DeWALT
Lucozade
Sport

认为我们不可能取得如此成绩。我尊重每一个人，感激每一个人。看到球员和同事们在利物浦的故事里成为主角，我真的很开心。这个故事属于他们，属于我们，也属于你们。因此，我们有义务讲好这个故事，享受这段经历，与他人分享其中的点滴，我们应当好好珍藏这份回忆。

我乐于听取不同意见，相信本书的读者朋友们也一样。我有自己的观点，在担任利物浦主教练的9年里，我与所有人分享这些观点。当然，我知道别人也有自己的观点，有时大家的观点还会不一致。这就是足球的魅力所在，人人都可以有自己的见解，也可以按照自己喜欢的方式来表达。这些球员和同事们身处事中时，可能没意识到这一点。我该怎么说呢？因为大家平常真的太忙了，没时间考虑这些事情。他们是历史的亲历者和见证者，能用此书来承载他们的回忆，真的非常有意义。

利物浦的故事，大家耳熟能详，我们希望通过这本书带给读者一点新的内容。我本人经常读足球故事，喜欢徜徉在时间长河中，欣赏那些定格美好瞬间的照片。我一直很期待这本书的出版，我希望你们也一样。不过，我要再强调一遍：这个故事不属于我，而是属于每一个曾有幸以各种方式参与其中的人。从全世界的球迷到球场上的球员，从售票处的工作人员到会议室的管理层，从训练基地的清洁工到安菲尔德球场的后勤人员，人人都是故事的主人公。

以上就是我对利物浦的理解，也是我对人生的感悟。在这个世界上，有人可能需要站在台前，但这些人充其量只能算团队的代表。推动利物浦朝着正确的方向发展，需要群策群力，我曾有幸参与其中。我也明白，我们取得的所有成就，离不开众多志同道合的优秀人士。我们勠力同心，虽然也遭遇了一些挫折，但我们始终荣辱与共，携手走完了这段难忘的旅程，一路上也取得不少成绩，留下许多美好的时刻。

有些旅程注定会成为永恒，我们一起走过的这段就是如此。

你永远不会独行。

尤尔根·克洛普

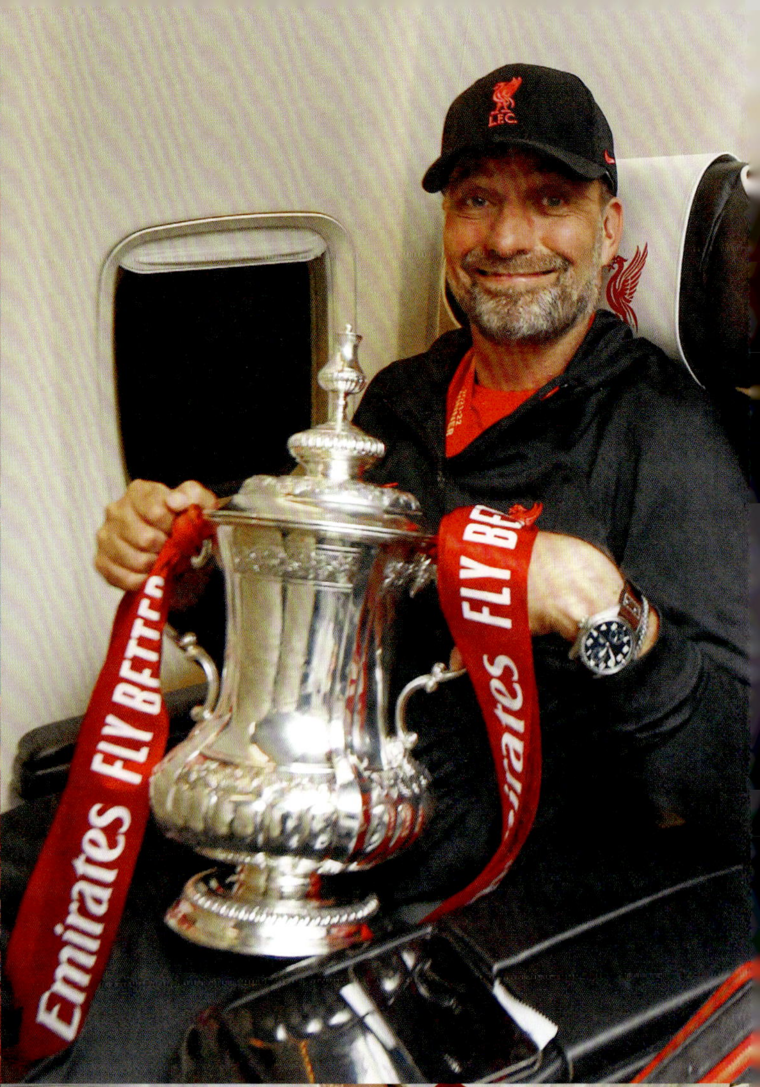
Emirates

L.F.C

Premier League

前言

对利物浦球迷来说，2015 年 10 月至 2024 年 5 月是一段美妙的时光，堪称俱乐部历史上最辉煌的时期。

克洛普时代仿佛过山车，带给球迷丰富的情绪体验。将近 9 年的时间里有过辉煌的高潮，也有过黯淡的低谷。我们曾喜极而泣，激情庆祝，也曾悲伤落泪，扼腕叹息。但总的来说，美好的日子远多于糟糕的时刻。

克洛普从多特蒙德来到利物浦，让渴望荣誉的“红军”球迷满怀期待。但他刚来的时候，就连最乐观的利物浦人，也无法预见他日后将为俱乐部带来何种荣耀。

“重金属足球”“心态怪兽”“旅程狩猎者”“历史创造者”——这是克洛普在利物浦留下的一些名词。他不仅成功地征服了质疑者，还把最狂野的梦想变为现实，给所有人留下终生难忘的回忆。

克洛普来自德国黑森林，在安菲尔德球场成为纯正的利物浦人，帮助利物浦找回凝聚力和荣誉感。经过他的改造，利物浦重新成为一支战无不胜的劲旅，如狂风般席卷英伦和欧洲赛场，不断收获奖杯。他让利物浦重回顶级强队行列，常年保持很高的竞技水准，屡次在重要赛事中冲击冠军。他彻底改变了我们在安菲尔德球场看球的方式。

本书回顾了克洛普时代那些最重要、最令人难忘的时刻，包括利物浦在欧洲足坛的征程、在温布利球场参加的决赛，还有在赛场上永不放弃的瞬间。我们真的不知道该从何讲起，故事太多，很难选择。因此，我们求助了那些最了解他的人，以获得更多的信息。

无论是他共事过的俱乐部高层，还是他在利物浦带过的球星，或者是与他交手过的名帅，每个人对个性鲜明的克洛普都有不同的看法。

迈克 · 戈登解释了克洛普为何如此适合利物浦，米尔纳谈到了克洛普改变利物浦命运的起点，萨拉赫和范戴克透露了克洛普说服他们加盟利物浦的过程。亨德森对克洛普在“安菲尔德奇迹夜”的动员讲话记忆犹新，波切蒂

克洛普执教利物浦 9 年，收获无数的荣誉（左）。

2016 年，安菲尔德球场新主看台启用后，克洛普与伊恩·艾尔、琳达·皮祖蒂、约翰 · W. 亨利、汤姆 · 维尔纳、迈克·戈登合影留念。

诺忘不了在欧冠决赛不敌“克式红军”后的感受。菲尔米诺还记得，正是在克洛普的鼓励下，利物浦才勇夺队史首个世俱杯冠军。弗格森爵士则提到，利物浦时隔 30 年再夺英格兰顶级联赛冠军后，克洛普开心地给他打了电话。林德斯则会告诉读者朋友，在训练场与克洛普朝夕相处是一种什么体验……这里仅举几个例子，翻开本书，您将置身于克洛普在利物浦的非凡之旅。

从第一天起，克洛普就俘获了众人的心，如果他运气再好一点，利物浦或许还能多拿几座奖杯，但除此之外，克洛普时代没有遗憾。

克洛普与利物浦球迷心意相通，只想把最好的献给利物浦。他是继比尔 · 香克利之后最受“红军”拥趸爱戴的主教练，球迷发自内心地认为他能比肩已故的香克利。对这一代利物浦人来说，克洛普曾经、现在并且永远都是他们心目中的“香克利”。

克洛普追随多位利物浦传奇主帅的脚步，最终也成为传奇。他是真正的“KOP 之王”，几乎赢得一切荣誉。离开安菲尔德球场时，他是利物浦队史

请来克洛普挂帅是利物浦队史上最重要的转折点之一，他在安菲尔德球场的声望无人能及。

上唯一带队在 6 项不同赛事中捧杯的主教练。

克洛普自称“普通的一个”，在巨大的荣誉面前仍不忘初心。他全身心地拥抱这座城市，融入这里的生活。他并非土生土长的利物浦人，却理解利物浦人的想法，认同这里的事业。无论何时何地，他都不遗余力地为利物浦人提供帮助。克洛普爱利物浦，利物浦也爱他。我们之间的关系非同寻常，十分特别。

他的可爱之处不胜枚举。他谦逊、坦诚，他的激情随时可能迸发。他的挥拳、拥抱，还有灿烂的笑容，都让人感觉无比真实。你看到的克洛普，就是最真实的克洛普。

他的眼镜、胡须和棒球帽，还有他带给利物浦的一座座奖杯，已成为我们生命中这段美好时光的标志性符号。

我们想念克洛普，永远不会忘记他。本书歌颂了他在利物浦的传奇，我们百讲不厌。

第 1 章

普通教练

2015/2016 赛季

我和克洛普第一次通电话就聊得很投机。挂断电话后，我非常确定他就是我要找的人。随后，我们在纽约见面，促膝长谈，直到深夜，第二天又接着聊。克洛普在利物浦执教 9 年，带队拿到 8 座冠军奖杯，帮助底蕴深厚的俱乐部勇攀新高峰。他很有领导力，带好了我们这支球队，在赛场之外也是个真性情的汉子。他帮助我们在利物浦铸就不朽的伟业，劳苦功高。我们衷心感谢他，永远不会忘记他，我们的友谊地久天长。

迈克·戈登

芬威体育集团主席

欢迎来到安菲尔德球场

克洛普上任后的首场新闻发布会

2015 年 10 月 9 日，安菲尔德球场。利物浦足球俱乐部翻开辉煌队史的新篇章。

在那之前的 6 天里，各大足球媒体的头条新闻只有一个话题——谁会成为利物浦的新主教练？

罗杰斯下课后，外界围绕新主教练的问题讨论了好几天。10 月 8 日，利物浦官网发布消息称，48 岁的德国教练尤尔根 · 诺伯特 · 克洛普出任俱乐部新主教练。

克洛普乘坐私人飞机从多特蒙德飞抵约翰 · 列侬机场，随后来到利物浦市的希望街酒店，在俱乐部主席汤姆 · 维尔纳及首席执行官伊恩 · 艾尔陪同下完成签约。

克洛普曾执教过美因茨和多特蒙德。在很长一段时间里，他一直是利物浦帅位的热门人选。他正式挂帅的消息官宣后，利物浦球迷喜不自禁，但并

克洛普在履新后的首场新闻发布会上回答记者提问。

不意外。

对默西塞德郡的红色阵营以及全球数百万“红军”球迷来说，圣诞节仿佛提前两个月到来。他们了解克洛普的履历，认为他就是最适合带领利物浦的人，前任主教练离开后，球迷就盼着克洛普能接手球队。

更重要的是，彼时的利物浦俱乐部像个沉睡的巨人，需要有人来唤醒，这项任务交给谁最合适？克洛普。

2013/2014 赛季，利物浦差点夺得英超冠军。但短短一年半后，乌云又笼罩了安菲尔德球场。

利物浦曾是无可争议的英格兰和欧洲足坛之王，后来在低谷中沉沦了太久。一个又一个的“救世主”来了又走，都没能将“红军”重新打造成一支攻无不克的劲旅。

对于利物浦这样的俱乐部，人们的期望很高。2015/2016 赛季，利物浦开局不利，在英超积分榜上一度排在第 10 位，罗杰斯成了战绩不佳的替罪羊。

克洛普能否帮助利物浦扭转颓势，重塑荣耀呢？他能否如球迷所愿，带领这家俱乐部重回巅峰呢？

利物浦球迷相信他能做到，安菲尔德球场内外一片喜气洋洋，因为克洛普曾率多特蒙德成功扳倒德甲霸主拜仁慕尼黑。笑容又回到利物浦人的脸上，大批球迷聚集在香克利大门外，屏息静气地等待克洛普阐述复兴计划。

当时，正值国际足球比赛日期间，但全球媒体齐聚安菲尔德球场，参加克洛普的亮相仪式。这是那几年足坛关注度最高的一场新闻发布会，各路记者把“肯尼 · 达格利什爵士”看台下方的“红军厅”挤得水泄不通。

发布会临近开始时，现场人声鼎沸。摄影记者们争先恐后地抢占最佳机位，文字记者们抓紧时间修改提前写好的提问单。大家在热议克洛普稍后会说些什么，直到主角准时进场后，厅内才安静下来。

克洛普身着黑衬衫、黑西装和牛仔裤，脚蹬切尔西靴，一身休闲打扮，散发出冷峻自信的光芒。他在鲁尔区玩了 7 年“重金属足球”和高位逼抢，经过 4 个月的休整，显得精神焕发，非常放松。摄影记者们努力捕捉克洛普的一举一动，他心情很好，面对镜头露出标志性的灿烂笑容。

俱乐部新闻官马特 · 麦肯说了开场白，克洛普与伊恩 · 艾尔一起上台就座。随后，安菲尔德球场播音员兼俱乐部电视台 LFCTV 主持人彼得 · 麦克道尔宣布新闻发布会正式开始。

克洛普在安菲尔德球场熟悉环境，触摸了著名的“这里是安菲尔德球场”标志牌（下页）。

THIS IS
LIVER POOL
FOOTBALL CLUB
ANFIELD

一名记者提问：“早上好，克洛普。欢迎来到利物浦足球俱乐部，是什么吸引你接受这项挑战？现在感觉如何？”克洛普很有风度，首先为自己英语不好道歉，然后即兴发挥，开启完美的魅力攻势。

“来到世界上最大的俱乐部之一，我非常荣幸，”他大声宣告，“我非常自豪，我期待着感受利物浦高强度的比赛，以及利物浦人对足球的热爱。这家俱乐部很特别，我不是梦想家，但我是足球浪漫主义者。安菲尔德是最棒的球场之一，我喜欢这里的故事。”

新主教练一开口就赢得满堂彩，而这仅仅是个开始。为数不多怀疑他工作能力的人都被他征服了。他活力满满，富有感染力，就连最顽固的“反对者”也被他折服了。

发布会长达26分钟，克洛普始终谈笑风生，重申自己是“幸运儿”，所以才能成为利物浦主教练。在必要的时候，他也表现出严肃的一面，开诚布公地谈到了自己的人生经历、职业生涯、即将承担的任务以及利物浦队史传奇教练。

“利物浦历史上有很多传奇教练，我不敢和他们相提并论，”他补充道，“他们上任时没说过自己要成为传奇。利物浦俱乐部之所以伟大，是因为过去做了很多正确的决定。现在我们必须立足当下，我不会活在过去。历史只是我们的基础，你不能成天想着历史。我希望下周我们就迈出第一步，我们不能总是跟过去比。只有绝对把握好当下，才有望在未来取得更好的成绩。”有记者问克洛普：未来他的球队能给球迷带来什么？克洛普承诺要让大家看到“全速冲击”的打法，并自信地预言将在4年内带队获得冠军。但他也强调，球迷得耐心一点，要对俱乐部的规划有信心。

“眼下正是重新出发的好时机，这是毫无疑问的，但重要的是我们得打好比赛，要让球员们感受到球迷的信心和信任。球员必须相信自己能达到所有人的期望。我们不能当质疑者了，要当信徒，这非常重要。我们可以用利物浦特有的方式取得成功。

“我离开多特蒙德时说过：‘你来的时候别人怎么说不重要，重要的是你走的时候人家怎么评价你。’现在我想说：请大家给我们时间，耐心等待，我们会把工作做好。以后回想起来，今天应该会是非常特别的一天。”

新闻发布会进行一半时，克洛普说出了当天最让人印象深刻的几个词。这是他无意间的真情流露，但自那以后，这几个词就在利物浦球迷中流传开

克洛普巡视安菲尔德球场的主队更衣室。

来，俱乐部也以此为灵感推出一系列周边商品。

有记者问克洛普如何看待球迷对他的喜爱，并提到时任切尔西主教练穆里尼奥曾自封“特别的一个”，那克洛普如何评价自己。克洛普耐心听完问题，摇头笑了起来。

“我不想评价自己。在座有人认为我能创造奇迹吗？没有，我还是踏踏实实工作吧。”他停顿了一下，接着说，“我不会给自己加任何名号，我太普通了，我来自黑森林，我妈妈可能正在家里看新闻发布会直播，虽然她一句话都听不懂……但她应该非常自豪。我就是很普通的一个人，如果你们非得给我安个名头，那就这个吧。”

现场笑成一片。在记者们看来，这简直就是金句。虽然当天克洛普妙语连珠，但这一句才是最出彩的，肯定会火遍全球，成为网络、电视和报纸上的头条新闻。

“普通的一个”来了，这一天必将载入利物浦俱乐部的史册。克洛普就像一阵清风吹入安菲尔德球场，沁人心脾，带来希望。1959 年，已故的利物浦传奇主教练比尔·香克利上任时，也曾给人同样的感觉。接下来的将近 9 年，克洛普不止一次让人想起香克利，最初的那阵清风也会变为旋风。

新时代的曙光

2015 年 10 月 17 日，英超联赛第 9 轮，托特纳姆热刺 VS 利物浦

克洛普上任后带队踢的首场比赛，是在白鹿巷球场对阵托特纳姆热刺。米尔纳有幸在这具有历史意义的一天担任场上队长。

米尔纳曾随曼城两夺英超冠军，于 2015 年夏转会至利物浦，很快就被罗杰斯任命为副队长。2015/2016 赛季开始后不久，队长亨德森因伤长期休战，老将米尔纳接过队长袖标。

当时，克洛普履新已 9 天，但媒体报道他的热度不减反增。本场比赛，所有直播镜头都对准了他，所有人都关注着他，等着看利物浦在他执教下的表现。

与联赛第 8 轮相比，利物浦首发阵容仅有两处变化，克洛普碰上的第一个难题是谁踢中锋。那周早些时候，丹尼 · 英斯膝盖受伤，赛季报销。本特克和菲尔米诺还在养伤，斯图里奇在比赛当天上午受伤，无法出场。奥里吉迎来英超生涯首次首发机会。

克洛普非常期待这场比赛，在开球前接受采访时说自己既兴奋又紧张，也相信球队有机会赢球。那个赛季开始后，托特纳姆热刺只在联赛首轮输了球，这个对手显然非常不好对付。

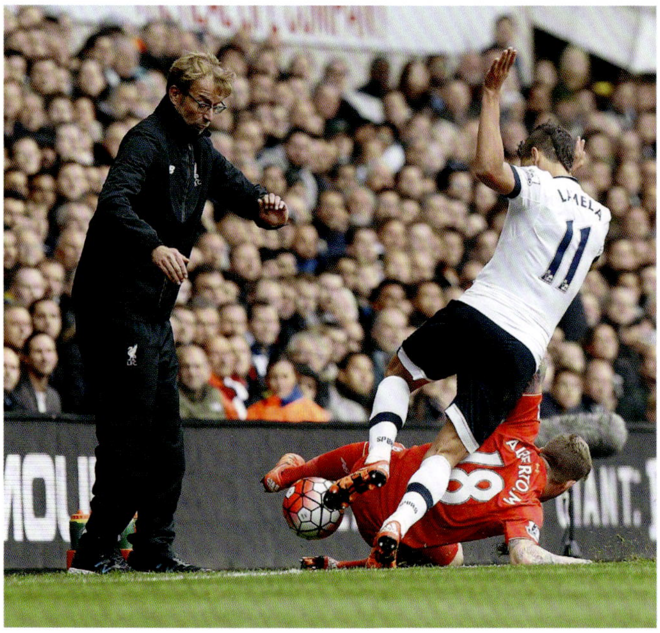

在克洛普带队的首场比赛中，队长米尔纳毫不惜力，为全队做出表率（左）。

莫雷诺在场上按新主教练的要求全力拼抢（右）。

随队远征的利物浦球迷力挺新帅克洛普（左）。

新时代正式到来，直播镜头追踪着克洛普的一举一动（右）。

最终，两队互交白卷。有人可能认为克洛普的首秀演砸了，但他本人不这么认为。“0 比 0 不是我最希望的结果，但没关系。我很高兴，我看到了球队的许多优点。我们在场上逼抢了对手，而且很有侵略性。我们会进步的，我总共也就带队训练了 3 天，比赛打成这样我非常满意。”

奥里吉开场后不久就头球击中横梁，但全场比赛，利物浦得分机会寥寥，外界普遍认为利物浦不是憾失 2 分，而是幸运抢到 1 分。赛后，多名专家将利物浦门将米尼奥莱评为全场最佳球员，这反映了场上一边倒的形势。不过，利物浦在对手猛攻时沉稳退守，在机会出现时也全力反扑。克洛普非常重视体能训练，此役利物浦所有球员总共跑了 116 千米。而在那个赛季的前 8 轮联赛中，他们都没跑够这个距离。

克洛普在场下激情指挥，和球员们一样拼。整整 90 分钟，他几乎没休息过，而这很快就会成为常态。

克洛普的上任显然给球队打了一针强心剂，也感染了球迷的情绪。3000 多名利物浦球迷随队南征，远赴伦敦观看这场午间开球的比赛。他们在看台上不停地唱歌，挥舞德国国旗，为克洛普加油。他们还响应了他亮相时提出的请求，打出一条写着“我们有信心”的横幅。

终场哨响后，克洛普走上草坪，拥抱球员，并向球迷致意。利物浦正式开启新时代。

到队里的第一天，他就把要求讲得很清楚，我们必须全速冲起来，踢“重金属足球”。与热刺的那场比赛，节奏快得离谱，跟我们之前的习惯完全不一样。大家都有点跟不上节奏，但他一直在场边大声鼓励我们，后来我们每场都是这么踢的。他说：“我们要创造自己的历史。”这就是我们要实现的目标。他有个愿景，然后大家一起努力，一路上起起伏伏，但也留下很多美好的瞬间。克洛普这个人，你看到他是什么样子，他实际就是什么样子，表里如一。他的拥抱就不用说了，他对临场情况的判断也很准，跟着这样的主教练踢球真的太棒了。

詹姆斯·米尔纳

2015 年至 2023 年效力于利物浦

米尔纳和丹尼·罗斯在场上互不相让。

起飞

2015 年 10 月 31 日，英超联赛第 11 轮，切尔西 VS 利物浦

外界称这场比赛是“特别的一个”对“普通的一个”。老法师对上新来者，穆里尼奥与克洛普首次在英超赛场正面交锋。

实际上，如果没有场下的两位主帅，本场比赛看点不多，因为对阵双方都不是联赛争冠热门。而且，当时两家俱乐部处于不同的境遇，两位主帅也朝着相反的方向前进，这就是有意思的地方。

克洛普上任才 3 周，在英超只带队踢了两轮比赛。穆里尼奥手握 3 个英超冠军，是同时代教练中最成功的一位。但切尔西开赛季战绩不佳，穆里尼奥随时可能下课。

那个阶段，我们还难以评价克洛普对利物浦的影响。俱乐部上下确实情绪高涨，但从战绩来看，克洛普的开局并不理想，球队在各项赛事 4 战 3 平 1 胜，唯一的胜利是联赛杯淘汰伯恩茅斯。

开场仅 4 分钟，拉米雷斯为切尔西首开纪录，利物浦在这个下午似乎又要败兴而归。不过，随着比赛进行，利物浦逐渐稳住阵脚。上半场临近结束时，利物浦的攻势越来越凶。

主场作战的切尔西只能拼命防守，力求保住领先优势。上半场伤停补时阶段，穆里尼奥站在球员通道入口，焦急地等着主裁判吹哨，结果等来了库蒂尼奥的扳平进球。

下半场大部分时间里，两队打得很胶着。球员们越踢越急，不时就会发生冲突。关键时刻，克洛普调兵遣将，改变场上形势。

眼见两队僵持不下，他赌了一把，做出上任后第一次非对位换人。中锋本特克替补登场，替下偏重防守的米尔纳。这次调整很快就见效了，第 74 分钟，利物浦长传到前场，本特克头球摆渡，库蒂尼奥接球稍做调整，起脚射门，球打到防守球员后偏转入网。

8 分钟后，同样替补上阵的乔丹 · 伊比送出助攻，本特克将球打进，锁定胜局。

利物浦踢出克洛普执上任 3 周以来的最佳表现。赛后，我们的主教练说：

克洛普和穆里尼奥在斯坦福桥斗法。

“有时候，你必须非常努力，才能让比赛看起来毫不费力。我们今天就做到了。”

过去，穆里尼奥没少让利物浦吃苦头。这一次，利物浦送给他一场“万圣节恐怖秀”。他在斯坦福桥的日子也快到头了，6 周后，切尔西解雇了穆里尼奥。

4 场不胜的适应期过后，克洛普正式向英超展示了自己的能力。虽然切尔西好像不如 2014/2015 赛季那么强了，但利物浦堂堂正正地击败上赛季冠军，克洛普也拿到转战英伦后的客场首胜和联赛首胜。

我很清楚克洛普在多特蒙德和美因茨取得的成就，我们知道俱乐部找来一位优秀的主教练。他非常有个性，能和球员们打成一片，让大家为比赛做好准备。他能调动全队的积极性，很快就让我们有了变化。他战术上非常厉害，好胜心很强。我们每天在训练中都能感受到，每逢比赛日，你们也能从他在场边的激情指挥中看到这一点。他、球员还有球迷团结在一起，客场拿下切尔西就预示了利物浦后来的成功。不幸的是，我只赶上个开头（后来转会离队）。但从球迷的角度来说，我很高兴俱乐部找他来当教练，最终他带队拿了好几个冠军，实现了利物浦人的夙愿。

马丁·斯科特尔

2008 年至 2016 年效力于利物浦

本特克替补上场建功，和队友一起庆祝。

留下来一起战斗

2015 年 12 月 13 日，英超联赛第 16 轮，利物浦 VS 西布朗

这一天，克洛普释放了压抑已久的情绪，而事情的起因要追到一个多月前。

2015 年 11 月 8 日，利物浦主场迎战水晶宫。比赛临近结束时，主队 1 比 2 落后，胜负已无悬念，安菲尔德球场内死气沉沉。克洛普转身看向替补席后方的主队球迷看台，他原本想寻求观众的支持，结果却看到很多人提前退场。他很震惊，并毫不客气地说出感受。

这是他挂帅利物浦后第一次尝到失利的滋味。赛后，他坦言："当时我感到非常孤独。"

此役过后，利物浦在各项赛事中取得四连胜，在联赛中还客场 4 比 1 大胜曼城，士气高涨。然而，克洛普上任之初那一个多月里，球队的状态很不

利物浦主场迎战利物浦，亨德森首开纪录后与拉拉纳一起庆祝。

稳定。

2015 年 12 月初，利物浦在联赛中客场不敌纽卡斯尔，在欧联杯小组赛中战平锡永。

与西布朗一役，伤愈复出的队长亨德森在第 21 分钟打破僵局，球迷们本以为主队重新找回状态，但西布朗却在半场结束前连入两球，反超比分。

一些观众又开始抱怨起来，球场上的气氛也十分紧张，克洛普在场边与对手主帅托尼·普利斯发生口角。

眼看球队可能遭遇联赛两连败，克洛普高举双臂，呼吁全场球迷提高音量。这一次，所有人都给出回应。没人提前离场，加油声非常响亮。

时间一分一秒地流逝，利物浦迟迟未能追平，但仍坚持朝西布朗球门猛攻，最终在第 96 分钟收到回报。替补出场的奥里吉大力远射，球打到防守球员后偏转入网。

替补奇兵奥里吉上场后读秒绝平，为利物浦抢到 1 分。

主场对西布朗只拿 1 分，赛后的庆祝场面却异常热闹。克洛普难掩激动和喜悦之情，这个结果对他意味着很多，证明了球迷的支持有多重要。终场

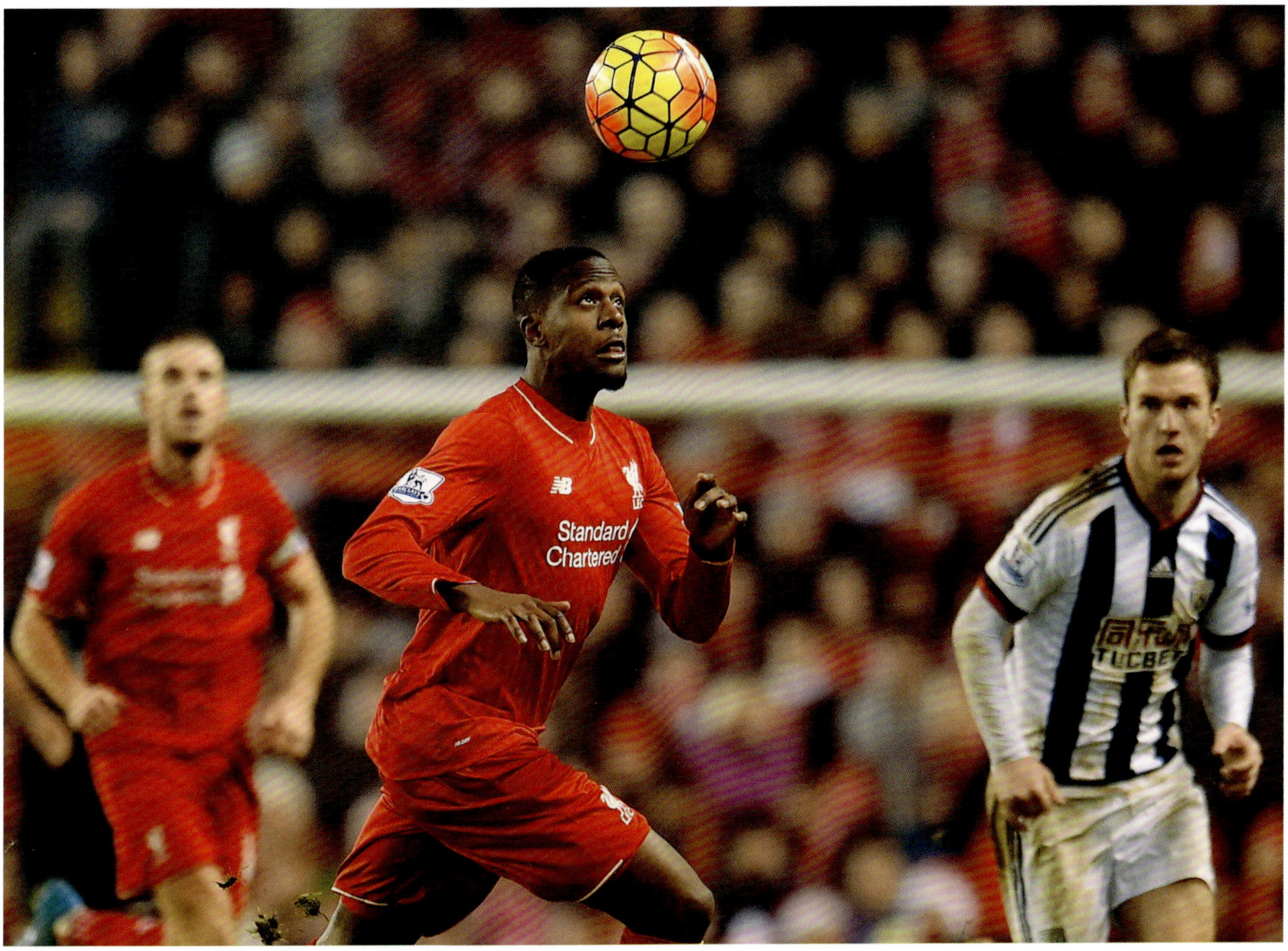

德国中场埃姆雷·詹在主场对阵西布朗的比赛中带球推进。

哨响后，他召集全队走到 KOP 看台前，手挽手站成一排，向帮助球队虎口脱险的球迷表示感谢。

“我知道我们只拿到 1 分，但感觉跟 3 分没区别，”克洛普说，“最后那个球一进，我整个人都释放了，这是我来这里后最爽的一次。有时，用正确的方式拿 1 分，其实比赢球还重要。我非常享受这场比赛，我全身心地享受着现场的气氛。”

外人可能会觉得好笑，但利物浦与球迷之间的感情就是这么特别，而在克洛普的带动下，“红军”阵营也变得更加牢不可破。

克洛普来队里后，我在中场找到了自己的位置，总算是开窍了。起初，他要求非常严格，如果你没抢到第二点，他会吼你，你下次抢球时就会逼自己用双倍速。我明白了不拼是不行的，他要求每个人都要跑起来，那几年对我的成长和发展非常重要。他从很多方面改变了利物浦俱乐部，让大家重新认识到了球迷的重要性。主场打平西布朗后，他带着我们全队去 KOP 看台下面感谢球迷。那个画面太棒了，展示了他独特的个人风格，对他来说也意义非凡。后来，他打造出一支劲旅，我永远感谢他对我的帮助。

埃姆雷·詹

2014 年至 2018 年效力于利物浦

Standard Chartered
Standard Chartered
Standard Chartered
27
11
9
7
33

克洛普带队面朝 KOP 看台谢场。

乱战卡罗路

2016 年 1 月 23 日，英超联赛第 23 轮，诺维奇 VS 利物浦

任何一支成功的球队，既要有天赋和能力，也少不了拼搏到底的决心以及永不满足的求胜欲。精神力的作用怎么强调都不过分，克洛普正是在此基础上建立了自己的安菲尔德王朝。

2016 年元旦前后，克洛普在新岗位上的阶段性成绩只能算一般。利物浦找回凝聚力，比赛胜多负少，但全队的状态依然很不稳定。2015 年 12 月下旬，利物浦在联赛中击败后来的冠军莱斯特城。2016 年 1 月 8 日，利物浦在足总杯遭遇英乙球队埃克塞特城，轮休多名主力，结果差点耻辱性出局。

在卡罗路球场那个疯狂的下午，利物浦和诺维奇打得有来有回，合力狂轰 9 球。没人能看懂“克式红军”到底是什么水平。

第 18 分钟，菲尔米诺率先破门，观众根本想不到接下来的剧情有多曲折。很快，利物浦在防守端自乱阵脚，丢掉领先优势。

利物浦的问题出在定位球防守中。此前 3 场比赛，利物浦都为此付出高昂的代价。2015/2016 赛季，利物浦超过 40% 的联赛失球出现在定位球防

菲尔米诺在卡罗路球场梅开二度。

守中，角球失球数也是英超各队里最多的。

“真是越怕什么越来什么，”克洛普说，“每个人都在说这个问题，我们也在思考这个问题。说起来其实也不难，我们知道该怎么防，但关键是得做到啊。”

第 54 分钟，场上形势完全逆转，诺维奇将比分改写为 3 比 1。从 1992 年到 2015 年，利物浦在英超联赛中只有两次两球落后仍反败为胜的经历。此刻，利物浦似乎连追平的希望都没有了。

逆风局最考验人的心态，幸运的是，克洛普的球队里不缺狠角色。主教练不认输，场上队员自然不会放弃。大比分落后时，某些教练可能瘫坐在替补席上，克洛普却在场边不停走动，卖力地打手势，咆哮着给球队鼓劲。亨德森、菲尔米诺和米尔纳连进 3 球，利物浦神奇地将比分反超。

胜负已分？还没有。诺维奇重新起势，在伤停补时第 2 分钟进球，双方又回到同一起跑线，克洛普失望至极。面对这样的打击，大多数主教练会无奈地接受平局，但克洛普还想做最后一搏。

读秒阶段，利物浦再次往对手禁区起高球，造成混战局面，拉拉纳看准机会插上，左脚凌空抽射破门。利物浦压哨取胜，这是多么不可思议的结局！拉拉纳脱掉球衣，朝替补席飞奔而去，克洛普也快步冲向弟子。随后，“红军”将士抱成一团，疯狂庆祝，克洛普还弄丢了眼镜，场面相当滑稽。“我还有

在这场惊心动魄的 9 球大战中，拉拉纳成为绝杀英雄。

一副（眼镜），但也找不到了。没戴眼镜还真是不好找眼镜。”克洛普赛后调侃道。

赢球后，克洛普和队员一起激情庆祝。

利物浦激动得就像赢下一场杯赛决赛，但克洛普非常清楚，自己的球队依然很不完美，拉拉纳的绝杀只是暂时掩盖了问题。在这场跌宕起伏的比赛中，利物浦既展现了优点，也暴露了缺点。“生活就是这样，”克洛普反思道，“问题一个接一个，解决不完的。”

我还记得，克洛普上任时，我非常兴奋。他自称“普通的一个”，但他太有魅力了。在利物浦，大家对他期望很高，但他一来就给我们减压。他知道如何当好利物浦主教练，也知道这枚队徽意味着什么。当时，他上任还没多久，后来这场胜利成为标志性时刻。赛后，我们疯狂庆祝，克洛普的眼镜也丢了，还好他从没记恨我！后来，他帮俱乐部取得成功，我也有幸参与其中。我们的一切成就都要归功于他的才华和光环。他能做到的事情，一般的主教练可做不到，他在利物浦创造了不朽的传奇。

亚当・拉拉纳

2014 年至 2020 年效力于利物浦

兵败温布利

2016 年 2 月 28 日，联赛杯决赛，利物浦 VS 曼城

上任不到 4 个月，就带队去温布利球场参加杯赛决赛，很少有主教练能做到这一点，但克洛普做到了。

客场险胜诺维奇后，利物浦的状态依旧不稳定。我们先是在各项赛事中连续 5 场不胜，接着在联赛中 6 比 0 客胜阿斯顿维拉，然后在欧联杯与奥格斯堡大战两回合，以 1 比 0 的总比分过关。

欧联杯决赛，克洛普首次作为利物浦主帅出现在温布利球场，但他一点都不怯场。2013 年，他曾率多特蒙德来这里参加欧冠决赛，最终 1 比 2 不敌拜仁。那一夜的记忆依旧清晰，克洛普肯定不想再输一次。

利物浦晋级联赛杯决赛的过程中，球迷找回看球的快乐，彻底被主教练的激情和带队风格征服。虽然球队战绩仍不理想，但前进方向很明确。

一直以来，联赛杯虽然饱受诟病，但给利物浦留下很多美好的回忆。

卢卡斯 · 雷瓦和大卫 · 席尔瓦在温布利球场争夺球权。

克洛普教练首次带利物浦闯进联赛杯决赛。赛前，他和队员一起列队等待开球。

2016 年前，利物浦曾 8 次夺得联赛杯冠军，是该赛事历史上夺冠次数最多的球队。香克利说过：“利物浦俱乐部为夺冠而生。联赛杯的冠军，同样是冠军。”

克洛普也是这么想的，深知在上任后不久就带队夺冠的好处。按照惯例，联赛杯决赛这天，他不能像平常那样穿运动服、戴棒球帽，而是要换上不太适合自己的正装。事后看来，这确实不是个好兆头。

下半场开始后不久，费尔南迪尼奥破门，曼城 1 比 0 领先。第 83 分钟，库蒂尼奥进球，克洛普兴奋地挥拳，比赛被拖入加时赛。之后，双方都未能得分，只能进入点球大战。

克洛普上任前一个月，利物浦在联赛杯第 3 轮对阵卡莱尔联，通过点球大战送对手出局。后来，在半决赛重赛中，利物浦用相同的方式淘汰斯托克城。不幸的是，好运气也用完了。在温布利球场，幸运女神没有再次眷顾利物浦。

点球大战第 1 轮，埃姆雷 · 詹稳稳罚中。但接下来，卢卡斯 · 雷瓦、库蒂尼奥和拉拉纳都未能将球踢进，曼城笑到最后。这是利物浦第一次在杯赛决赛中输掉点球大战。

丢冠自然令人失望，但克洛普深信失败是成功之母。“我们很失落，但现在必须站起来，”他说，“只有蠢货才会躺着等待下一次失败。我们会卷土重来，我们要往前看，要变强。我们必须努力训练，继续往前走，黑暗尽头会有曙光。我们要牢记这一点。”

复仇的机会很快就来了。4 天之后，两队在联赛中再次相遇，虽然这次无关冠军的争夺，但利物浦迅速走出兵败温布利的阴影，3 比 0 力克曼城。克洛普是对的，这支利物浦不会因为一场失利就一蹶不振。

利物浦倒在点球大战中，米尔纳难掩失落（左）。

队长亨德森安慰库蒂尼奥，拉拉纳茫然地看向远方（右）。

克洛普来后，全队士气大振，我们都很期待跟着这样的教练踢球。几个月后，我们打进联赛杯决赛。我一直梦想着代表利物浦去温布利踢比赛，开球前几个小时，他通知我做好首发出场的准备，我真的好开心。可惜这场球我们没能赢下来，但我记得赛后他依然信心百倍。你能感觉到：有他在，后面肯定还有机会。他很直爽，有一天我没进比赛大名单，心里有情绪，就去找他。他说："卢卡斯，我可以告诉你原因，但实话你可能不爱听。"我非常尊重他，我们的关系一直很好。我觉得他是个伟大的主教练。

卢卡斯·雷瓦

2007 年至 2017 年效力于利物浦

硬仗

2016 年 3 月 17 日，欧联杯 1/8 决赛次回合，曼联 VS 利物浦

利物浦和曼联是英格兰足坛最成功的两家豪门，都有着傲人的欧战成绩。有趣的是，2015/2016 赛季之前，这对老冤家从未在欧洲赛场上碰面。

曼联对阵利物浦，这正是克洛普最喜欢的死敌对决。他早年执教多特蒙德时，经常与拜仁针锋相对，完全有能力应对火爆的英格兰“双红会”。

克洛普称“双红会”是“重中之重”，那些之前还对欧联杯嗤之以鼻的人突然就来了兴趣。

在某个平行宇宙中，率领曼联参加欧联杯的主教练应该是克洛普。众所周知，早在 2014 年，曼联一心想请克洛普挂帅。双方有过接触，但克洛普婉言谢绝了曼联的好意，留在多特蒙德。之后，曼联高层选择了荷兰教头范加尔。一年后，利物浦做到曼联没能做到的事情，请来克洛普担任主教练。

2016 年 1 月前，两队在联赛中交过手，克洛普输给范加尔，欧联杯 1/8 决赛给了他雪耻的机会。首回合比赛，克洛普带队主场 2 比 0 获胜，报了一箭之仇。

一周后的次回合较量，双方角色互换，克洛普依然棋高一着。

在这个值得纪念的圣帕特里克之夜，利物浦球迷异常兴奋，挥舞着各色旗帜，不停地歌颂球队在欧洲赛场的辉煌战史。第 32 分钟，马夏尔点射建功，曼联领先，但利物浦球迷依旧斗志昂扬。

半场结束前，库蒂尼奥挺身而出，展现魔力。曼联右路防守太松，库蒂尼奥带球从右侧突入禁区，闪转腾挪，面对德赫亚小角度吊射破门。克洛普赛后称赞这是“完美的进球”“天才的时刻”。

“红军”10 号面无表情地从球网后跑过，斯特雷特福德看台上的曼联球迷被惊得目瞪口呆。一小群随队远征的利物浦球迷纷纷掏出手机拍照留念，点亮了曼彻斯特的夜空。

主队陷入绝境，逆转无望。范加尔的帅位岌岌可危，克洛普的赛后发言犀利如常。“就该我们晋级，这是毫无疑问的。我为小伙子们感到骄傲。”

2011 年，曼联超越利物浦，成为英格兰顶级联赛历史上夺冠次数最多

次回合比赛前，利物浦首发球员在老特拉福球场合影，也做好了守住首回合胜果的准备。

的球队。但 5 年过后，利物浦在欧洲赛场依然力压曼联一头，又往后者的伤口上撒了一把盐。

虽然利物浦还没恢复往日的荣光，但这场比赛进一步证明：在克洛普的带领下，利物浦走上了正确的道路。

克洛普来了之后，每个人都认可他的想法和计划。在他手下踢球挺累的，踢的是摇滚足球。经过他的改造，我们的强度完全不一样了，我们立马就有了竞争力，特别是在欧联杯中。（欧联杯 1/8 决赛）我们首回合 2 比 0 赢了曼联，这对次回合的客场作战非常关键。当然，我们很自信，赛前，主教练也给我们做足了思想工作，最后我们守住了胜果。伟大的夜晚，伟大的教练，克洛普跟其他主教练都不一样。我在他手下踢球的时间并不长，但我们关系一直很好。他在利物浦取得了辉煌的成就，我们现在依然保持联系，我对他只有爱和敬意。

丹尼尔·斯图里奇

2013 年至 2019 年效力于利物浦

斯图里奇在比赛中带球推进。

重逢

2016 年 4 月 14 日，欧联杯 1/4 决赛次回合，利物浦 VS 多特蒙德

在安菲尔德球场，追忆刺激的欧战之夜，最能唤起人们的怀旧之情。征服欧洲的感觉，早已刻进利物浦的基因。

利物浦经常在主场赢下来自欧洲大陆的对手，打出无数足以永载史册的经典比赛。但 2016 年前那几个赛季，利物浦在欧洲赛场的表现乏善可陈。

俱乐部近况不佳，球迷难免会感慨 ："以前多好呀。"克洛普知道，自己有义务为利物浦翻开新篇章。他上任时就说过 ：历史有时会让人不堪重负。他希望写下新的传奇。

克洛普怎么也想不到，上任半年后，他就有了这样的机会。那个赛季，利物浦只能参加欧联杯，这是许多人眼中的欧洲二流俱乐部赛事。不过，利物浦在 1/8 决赛淘汰宿敌曼联后，主教练、球员和球迷的胃口都被吊了起来。

1/4 决赛对阵抽签结果出来后，各方的兴致更高了——利物浦遭遇多特蒙德，这是最吸引眼球的对决，也是属于克洛普的德比。他的新老东家将一决雌雄，媒体称这是一场"克洛普之战"。两家俱乐部都拿过欧冠冠军，这两回合比赛噱头十足，是那年欧联杯 1/4 决赛的焦点之战。

外界的关注度自然很高。首回合较量在威斯特法伦球场进行，65000 多名观众到场见证克洛普故地重游。主队更被人看好，客队也表现不俗。上半场，奥里吉打进一球。下半场比赛，胡梅尔斯追平比分。双方战成 1 比 1，谁都没能占得先机。

次回合交锋有成为名局的潜质，最终也没让人失望。安菲尔德球场的气氛一如既往地热烈，但比赛的精彩程度远超预期，就算以利物浦的标准来看也是如此。

双方球迷都饱含深情地唱起最爱的助威歌，《你永远不会独行》为这个激情四射的夜晚拉开序幕。看台上旗帜飞扬，焰火闪动，所有人高举围巾，高声歌唱，气氛丝毫不亚于安菲尔德球场历史上那些著名的欧战之夜。安菲尔德球场几乎成了红白色的海洋，只剩看台一角有一抹黄黑色，现场的噪声大到刺耳。

一场欧联杯“而已”，还是周四工作日的夜赛——没人在意这些冷嘲热讽，因为这场比赛足够精彩，足够重要。此前，利物浦在足总杯中出局，欧联杯是仅剩的夺冠机会。此外，利物浦在联赛中落后排名第四的球队 9 分，登顶欧联杯是利物浦重返欧冠的最佳途径。而欧联杯也是多特蒙德荣誉柜里唯一缺少的欧战冠军奖杯。

赛前，图赫尔在新闻发布会上说，自己的球队一定会主动进攻。多特蒙德主教练说到做到，开场 9 分钟后，客队 2 比 0 领先，克洛普只能在场边焦急。

多特蒙德客场进球数领先了，利物浦若想晋级，必须打进 3 球。自 2005 年欧冠决赛结束后，利物浦从未面临如此艰巨的任务。此役之前，多特蒙德在 2016 年未尝败绩。他们完全掌控了比赛，一只脚已迈进四强大门。

中场休息时，克洛普必须提振球队的士气。他以“伊斯坦布尔奇迹”为例，告诉队员一切皆有可能，鼓励他们留下一个日后可以讲给孙辈们听的传奇故事。

下半场第 3 分钟，奥里吉进球。但多特蒙德很快再进一球，把总比分改写成 4 比 2，并且手握 3 个客场进球，利物浦重新燃起的希望又被浇灭了。时间一分一秒地流逝，利物浦在主场面临此前从未经历过的绝境。

次回合开球前，两队首发球员在安菲尔德球场列队合影。

当时，许多人认为利物浦唯一能做的就是别让分差继续扩大。但第 66 分钟，库蒂尼奥扳回一球，“红军”阵营又恢复信心。观众热情高涨，克洛

洛夫伦头球绝杀，利物浦险胜多特蒙德（左）。

克洛普喜不自禁，做出标志性的挥拳庆祝动作(右)。

普要求队员继续压上，利物浦朝着 KOP 看台下方的球门猛攻。第 78 分钟，大家的努力收到回报，马马杜 · 萨科头球破门，场上比分变成 3 比 3。安菲尔德球场欢声雷动，音量比之前又高了许多。不过，终场哨音即将吹响，多特蒙德的客场进球数依旧领先。

第四官员举牌示意补时 4 分钟，场上形势愈发紧张，现场气氛更加狂热。利物浦在中线附近开出任意球，斯图里奇和米尔纳沿着右路打配合，后者送出精准传中，洛夫伦在后点高高跃起，将球顶入多特蒙德的球门。安菲尔德球场顿时陷入疯狂。

洛夫伦滑跪庆祝，克洛普兴奋挥拳。电视解说员咆哮道："利物浦起死回生！"新主帅为这支球队注入了新的能量，这种永不言弃的精神将成为克洛普时代的标志。

克洛普早早创造了一个属于新一代"红军"球迷的历史性时刻。更好的日子还在后面，但第一次永远是最特别的。

我们从未丢掉信念。主教练中场休息时说：“想一想 2005 年，利物浦在欧冠决赛 0 比 3 落后 AC 米兰。”他提醒我们一切皆有可能，事实确实如此。两球落后时，我们情绪低落，踢不动了，但他给了我们动力，让我们坚持到最后，这是最重要的。对所有球迷、我本人还有克洛普来说，这都是最棒的比赛之一。跟着他踢球是真过瘾，我一辈子都忘不了。他与梅西、萨拉赫一样特别，像他们这样的人已经不多了。100 年后，人们还会说起利物浦的克洛普时代。他留下一笔巨大的财富，不仅属于安菲尔德球场，也属于整个足坛。每个人都会想念他。

德扬·洛夫伦

2014 年至 2020 年效力于利物浦

折戟瑞士

2016 年 5 月 18 日，欧联杯决赛，利物浦 VS 塞维利亚

克洛普带队打进联赛杯决赛，外界认为利物浦在他带领下迈出复兴的第一步。之后，克洛普继续制造惊喜，帮助球队闯入欧联杯决赛。

在利物浦球迷看来，国内赛场仍是基本盘，但欧洲赛事冠军也是无比诱人的奖励。利物浦在欧联杯淘汰赛中高歌猛进，让人充满期待。换帅不久，球队就重返欧洲赛事决赛，球迷很享受这份惊喜。

决赛在巴塞尔圣雅各布公园球场举行，利物浦的对手是塞维利亚。

“欧洲赛事很重要，”克洛普说，“很多球队都想进决赛，这并不容易。现在我们进了，这是个好机会。”

虽然球场比较小，坐不下太多观众，但还是有大批利物浦球迷按惯例来到现场观赛。他们占领了看台上所有显眼的位置，亮出旗帜和横幅，给克洛

2016 年欧联杯决赛开球前，现场的利物浦球迷高举旗帜和围巾。

埃姆雷·詹飞身封堵对手传中（左）。

斯图里奇在上半场打进世界波，在输球后显得怅然若失（右）。

普和球员营造主场的氛围。

利物浦球迷做这些事情，都是为了给克洛普的首个赛季画上完美的句号。从前面的表现来看，利物浦绝对配得上进入决赛，但决赛的对手远比半决赛的对手比利亚雷亚尔更难对付。多年来，塞维利亚在欧联杯一直很有统治力，是该赛事历史上夺冠次数最多的球队。他们志在三连冠。

上半场第 35 分钟，斯图里奇巧射破网，将比分改写为 1 比 0。利物浦势头不错，似乎有望取胜。但下半场风云突变，利物浦莫名其妙地崩盘了。塞维利亚在第 46 分钟将比分扳平，随后又连入两球，克洛普的美好愿望化为泡影。赛后，他总结道：“很明显，他们进球后，我们受到了很大的影响。我们对自己的打法失去了信心，球队踢成这样，责任在我。”

丢冠令人痛彻心扉，但当晚回到下榻的酒店后，克洛普坚持要求全队一起唱歌、喝啤酒。比赛输了，他没有被打倒，也不希望队员黯然神伤。

对当时的利物浦来说，打进欧联杯决赛已是超额完成任务。在那个漫长又关键的赛季中，每多踢一场比赛，都会增加很多负担。新时代的首冠还需等待，但克洛普自信地表示：“我向大家保证，我们会总结经验，重整旗鼓。我相信我们还会进决赛，下一次我们一定做得更好。”

克洛普败而不怠，鼓掌感谢球迷，
并承诺利物浦会卷土重来。

比赛结束后，全队情绪很低落，我记得回到酒店后，我接到电话通知赶紧下楼。大家都没心情，但我们到了楼下，看到克洛普在舞池里喊大家过去，我们面面相觑，心想：“他干啥呢？”但很快我们都跳起来了，这是我参加过的最棒的派对之一。我印象中的克洛普就是这样子的。你只要在他身边，立刻就能感觉到他值得信任。他说话的样子，他对更衣室的管理，还有他跟人握手的方式，都与众不同。任何人只要一见他就会被他感染，他能取得这么多成就，一点都不让人奇怪。

科洛·图雷

2013 年至 2016 年效力于利物浦

ORIGI
27
MATIP
32
WIJNALDUM
5
Lucozade
SPORT

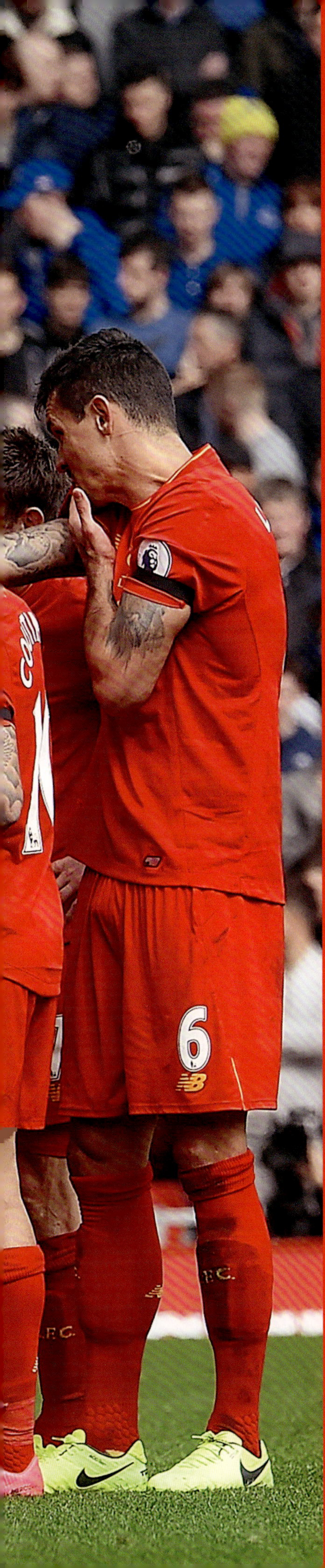

第2章

信仰之路

2016年至2018年

新援马内首秀即破门，被主教练克洛普背起庆祝。

打响第一枪

2016 年 8 月 14 日，英超联赛第 1 轮，阿森纳 VS 利物浦

2016 年夏天，马内加盟利物浦，成为当时的队史标王。2016/2017 赛季首轮，他上演“红军”生涯首秀，在酋长球场破门得分，开心地冲向场边，克洛普转身背起爱将，这绝对算得上足坛最奇葩的进球庆祝动作。

克洛普刚带队那一两年，利物浦的表现和成绩很不稳定，让人看不懂，这场比赛充分体现了这个特点。2015/2016 赛季，利物浦在两项杯赛中打进决赛，但在联赛中排名第 8，落后亚军阿森纳 11 分，未能获得欧冠参赛资格。

菲尔米诺与阿森纳球员霍尔丁争顶（左）。

马内加盟后“即插即用”，阿森纳很难限制住他（右）。

第 63 分钟，马内右路带球内切，摆脱两名防守球员，拔脚怒射，直挂死角。开赛首日，马内就在赛季最佳进球候选名单里预定一个席位。更重要的是，他把场上比分改写为 4 比 1，利物浦似乎稳操胜券。

这一天，克拉万和维纳尔杜姆也首次代表利物浦登场。上半场，沃尔科特先罚丢点球，随后迅速将功补过，打破僵局。上半场伤停补时阶段，库蒂尼奥主罚任意球得分，抹平分差。下半场，拉拉纳、库蒂尼奥和马内在 14 分钟内分别建功，利物浦好像已把 3 分收入囊中。

克洛普当然也是这么认为的，所以才会和马内那样庆祝。他万万没想到比赛还有悬念。虽然利物浦在夏窗引进了克拉万和马蒂普，但前一个赛季后防不稳的痼疾未除，阿森纳抓住机会扳回两球，最终利物浦 4 比 3 勉强保住胜果。

赛后，克洛普回顾了比赛中最难忘的时刻，承认自己不该那样庆祝。他说：“我做得不对，最后半小时形势那么紧张，我有很大的责任。当时还剩 35 分钟，我们进了第 4 个球，但那样庆祝是不行的。我们一下就松劲了，比赛还没结束。虽然最后阿森纳输了，但我们给了他们反扑的机会。终场哨响之前，一切皆有可能。”

从大比分领先，到松懈后差点丢分，利物浦又让球迷坐了 90 分钟的过山车。这也难怪利物浦会成为电视转播商最爱的球队，对于中立观众来说，

阿森纳在最后时刻奋起直追，但最终利物浦还是守住胜果，取得赛季开门红。

这样的比赛确实过瘾。克洛普非常清楚，球队的老问题必须解决。“进 4 个球很好，丢 3 个球很不好，”他说，“这场球给了我们信心，我们知道自己进攻好，但我们必须一起把防守做好。”

虽然过程很惊险，利物浦在客场战胜温格的阿森纳，为克洛普执教的首个完整赛季开了个好头，意义重大。“这场比赛很不容易，也很精彩，最后我们赢了，当之无愧。”克洛普赛后总结道。

克洛普背起马内的那一幕，在 2016/2017 赛季利物浦十大进球庆祝动作评选中名列第 4。不过，他后来再也没有这么玩过。

他来英超前口碑就很好，来英超后也证明了自己。他给我的第一印象就是很有个性，知道自己想要什么，能够讲清楚自己的想法，说服别人相信他的理念。他让利物浦面貌一新，让球队文化与城市文化保持一致。他上任没多久，你就能看到他对球队的影响，他们有战斗精神，不服输，碰上逆境也不放弃。你能感觉到利物浦变强了，主教练的个性一定会体现在球队身上，而克洛普的特点就是永不言弃。他正直、忠诚、有责任感，也懂得尊重他人，这些重要品质就是他事业成功的基础。他始终恪守原则，把全部精力奉献给教练工作。

阿尔塞纳·温格

1996年至2018年任阿森纳主帅

队里有了本地小伙

2016 年 10 月 25 日，联赛杯第 4 轮，利物浦 VS 托特纳姆热刺

克洛普第一次看到阿诺德时，后者还是个 17 岁的孩子，个子很高，稚气未脱。那天，克洛普来到利物浦青训营，看了一场 U18 比赛，一眼就相中阿诺德。“这球员我喜欢。”利物浦主教练说。不到一年后，阿诺德升入一线队。

阿诺德在利物浦的克鲁伯莫尔社区长大，后被学校选中送去参加利物浦俱乐部组织的夏季训练营。在那里，他第一次得到利物浦球探的关注。

阿诺德从小就喜欢利物浦，崇拜杰拉德，模仿“红军”传奇队长踢球。埃弗顿和曼联的球探也很看好阿诺德，但他只想为利物浦效力。

小阿诺德在利物浦当地的乡村公园少年队练球时，利物浦俱乐部派人认真考察了他。阿诺德 6 岁那年，利物浦正式将他招入青训营接受训练。小阿诺德在各级梯队中稳步上升，得到了青训教练们的高度评价。

他曾是英格兰国青队员，还担任过利物浦 U16 及 U18 梯队的队长。

克洛普慧眼识才，把阿诺德提拔到一线队训练，还让他跟队参加 2016 年休赛期的多场热身赛。2016/2017 赛季英超首轮，利物浦客战阿森纳，阿

小阿诺德在利物浦青训营为 U18 梯队出场比赛。

天才少年阿诺德上演职业生涯首秀，无缝融入利物浦一线队。

诺德进了大名单，但没有出场。

“他天赋太好了，”克洛普回忆道，“我们一看就知道，他球技肯定没问题。但我们对他身体情况没把握，毕竟他还是个孩子，身体还没发育好。所以我们要在这方面下功夫，后来他自己的进步也非常大。”

克洛普经常大胆起用新人，特别是在杯赛的初期阶段。2016/2017 赛季联赛杯第 4 轮，利物浦主场迎战托特纳姆热刺，18 岁零 18 天的阿诺德首发登场。

他第一次披上利物浦 66 号球衣，出任右边后卫。当时，阿诺德是在克洛普手下完成职业生涯首秀的最年轻的球员。阿诺德在上半场因犯规被黄牌警告，但总体表现亮眼，回报了主教练对他的信任。利物浦也 2 比 1 击败托特纳姆热刺。

“场上遇到困难了，你得赶紧调整过来，比如（阿诺德）拿了那张黄牌之后，”克洛普赛后点评道，“他必须调整好，要在边路面对对手的频繁冲击，还要踢得很聪明。他今天表现挺好的。”

经过克洛普的点拨，这颗新星在安菲尔德球场冉冉升起，前途一片光明。阿诺德在一线队踢上比赛后，俱乐部给他了一份新合同。不久之后，阿诺德又在英超联赛中首发出场。后来，他成为杰拉德后首位在队中完全站稳脚跟的本地球员，并逐渐成长为足坛最优秀的右边后卫之一。

对一个来自利物浦的普通小伙来说，这成绩已经相当不错了。在克洛普帮助下，阿诺德将梦想照进现实。

上任几周后，克洛普就来到梯队看年轻球员训练，我们很受鼓舞。他是在告诉俱乐部，他愿意给年轻球员机会，这让我受益匪浅。与托特纳姆热刺那场比赛前一天，他让我告诉家人一定要去现场，因为我会首发出场。他说这是一个值得骄傲的时刻，但不要想太多，放松点，平静点，晚上还是要好好睡觉。他还说平常训练怎么踢，到了场上就怎么踢，我既然得到了机会，那就说明我是可以上场的。年轻球员就想听到教练这么说，他说的每一句话，我都记住了，也带到了场上。如果没有克洛普，谁知道我的职业生涯会怎样呢？

特伦特·亚历山大-阿诺德

2016年至今效力于利物浦

阿诺德出身利物浦青训体系，
是俱乐部所有小球员的榜样。

马力十足

2016 年 12 月 19 日，英超联赛第 17 轮，埃弗顿 VS 利物浦

这一天，古迪逊公园球场一角升起一缕红色烟雾，半个默西塞德郡开始提前庆祝圣诞节。

利物浦和埃弗顿的主场相距仅 1 千米，红色烟雾飘过斯坦利公园上空，飘向安菲尔德球场。利物浦球迷走上返程之路，准备举杯庆祝球队再次成为这座城市无可争议的骄傲。

这是克洛普第一次体验“穿过公园”的短途旅行，应该让他很难忘。前一个赛季，克洛普率队 4 比 0 痛击埃弗顿，拿下自己执教利物浦后的德比首胜，但当天的比赛地是安菲尔德球场。

这是自 1893 年以来第 227 场默西塞德郡德比。赛前，利物浦在英超积分榜上排名第 3 位，领先排名第 9 位的埃弗顿 11 分。但俗话说得好，德比战从来不看状态。

当时，利物浦球迷已有 5 年没在格拉迪斯大街庆祝胜利了。罗杰斯曾 4 次带队做客古迪逊公园球场，均铩羽而归。2015/2016 赛季，利物浦高层正是在球队客场输给同城死敌后，做出解雇罗杰斯的决定。

克洛普首次在古迪逊公园球场，率队与科曼同场竞技。

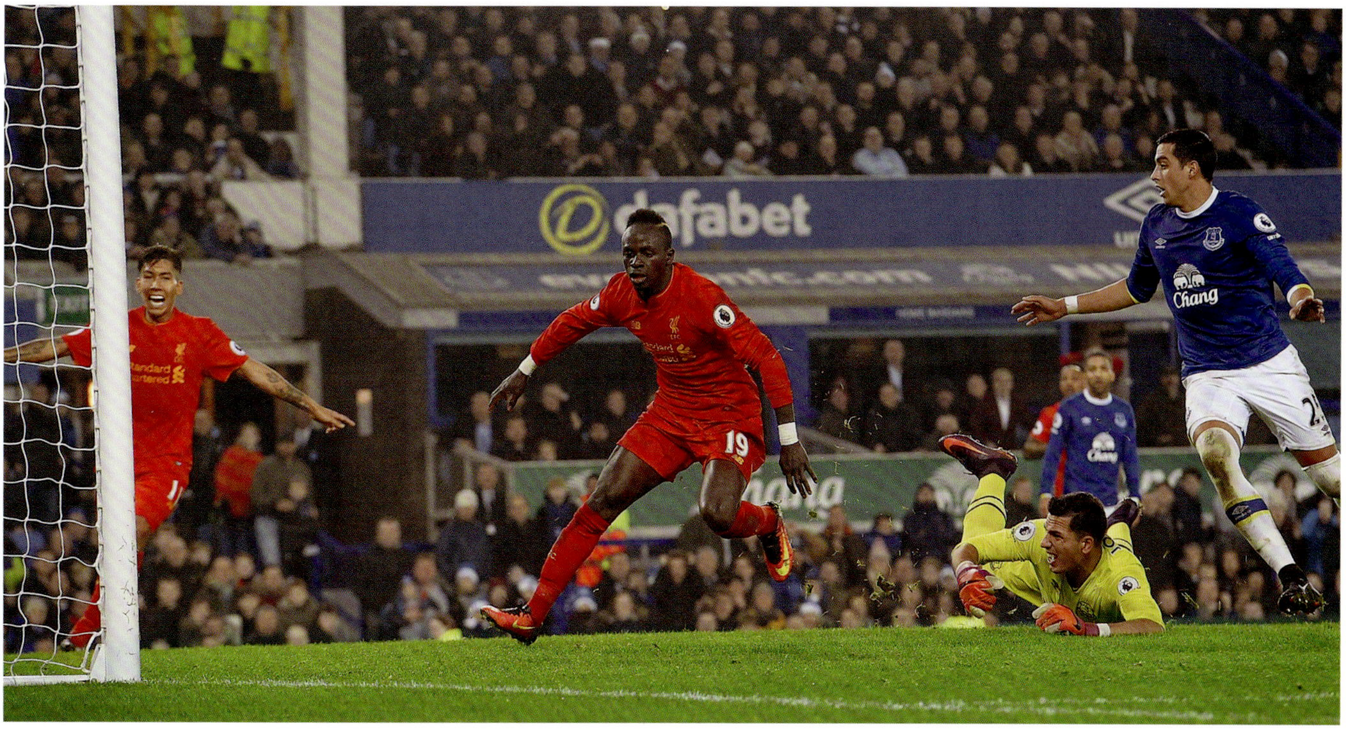

马内献上绝杀，为利物浦拿下德比胜利。

就在接到改变他一生的电话前几天，克洛普看了那场比赛的直播。“红军”主教练自认是《洛奇》系列电影的粉丝，并透露自己在备战2016年12月这场德比时看了该系列的衍生作《奎迪》。他没想到，此片高潮部分的打斗场面竟然是在古迪逊公园拍摄的。

两家俱乐部距离很近，克洛普能感受到，默西塞德郡德比与他在德国经历的事情完全不一样。“我现在是利物浦一员，所以我很清楚这场比赛的重要性，”他说，“利物浦这座城市有两家大俱乐部，我很喜欢，第一次做客古迪逊球场应该会非常特别。”

两队果然打得难解难分。下半场伤停补时阶段，比分仍是0比0。替补出场的斯图里奇禁区外起脚低射，发力并不充分，但球正好越过门将的指尖，中柱后弹出。电光火石间，马内机警地杀到门前，补射得手，绝杀埃弗顿。

“精彩、激烈，德比就应该这样，”克洛普赛后感慨道，“当然，论竞技水准，这场比赛算不上最顶级，但强度和重要性都没得说，必须认真对待。下半场，我们拿出了该有的态度。”

克洛普通过了在新岗位上的又一个重要考验，利物浦球迷收到了最想要的圣诞礼物。他或许还没有成为纯正的利物浦人，但正在朝着这个目标前进。

从我第一次跟他谈及加盟利物浦的那天起，我们的关系一直非常好，我能有今天的水平，要感谢他的帮助。我们共同度过了很多美好时光，甚至有机会成为世界最佳，但还有些比赛也很特别，也是这段旅程的重要组成部分，比如我绝杀埃弗顿的比赛。那晚，我们上半场踢得不好，中场休息时，他告诉我们踢得简单一点、耐心一点。我们就有信心了，知道下半场肯定能进球，他是对的。那个进球对球迷来说意义重大，我很开心，我非常感谢克洛普，他让我在利物浦经历了很多这样的时刻。他是个伟大的主教练，心胸宽广，一心致力于帮球队打出好成绩，这就是他的特别之处。

萨迪奥·马内

2016 年至 2022 年效力于利物浦

进球功臣跑向场边接受利物浦球迷的欢呼。

是克洛普教练把我带到利物浦，让我有机会为这家顶级俱乐部效力，他对我的职业生涯确实有很重要的影响。换个国家踢球挺不容易的，但我从他的人生观和足球理念中学到了很多东西。进欧冠对我们的发展很重要，我在利物浦的第一个赛季结束时，获得了欧冠参赛资格，太完美了。他决心让俱乐部重回顶级强队行列，这就是我们前进的方向。我们一起合作了很多年，他帮我进步了，在利物浦，我很难想象自己会为除了他之外的主教练踢球。每次我穿上利物浦的红色球衣，一种自豪感就油然而生，这与尤尔根·克洛普有很大关系。

若埃尔·马蒂普

2016 年至 2024 年效力于利物浦

克洛普背靠主看台而立，这天利物浦必须在主场全取3分。

重返欧冠

2017年5月21日，英超联赛第38轮，利物浦VS米德尔斯堡

“只要冠军，亚军毫无意义”的时代早已一去不复返。2016/2017赛季英超最后一轮，利物浦的目标是力争获得前四，从而重返欧冠舞台。

自克洛普执教利物浦以来，重返欧冠一直是他的首要任务，也是他未来发展计划中最重要的部分。安菲尔德球场上一次举办欧冠比赛还是在2014年，而克洛普后续的重建工作主要围绕欧冠展开。

“利物浦需要常年征战欧冠，”克洛普说，“我们应该竭尽全力改变现状。欧冠是欧洲最好的赛事，可能世界上也找不到比欧冠更好的赛事了，谁都想参加欧冠。我们会变强，为打进欧冠而战。”

因此，克洛普在执教利物浦的第一个完整赛季主攻联赛。争冠可能有点不现实，不过利物浦在2017年1月一度领跑积分榜，而且从未掉出争四集团。

末轮开打前，切尔西已经夺得冠军，利物浦并没有稳进前四。欧冠区仍

赛季末轮关键战，利物浦3比0击败米德尔斯堡，库蒂尼奥在比赛中突破对手防守。

有两个席位待定，争夺进入白热化阶段。利物浦既有追赶曼城的希望，也有可能被身后只落后1分的阿森纳追上。若想锁定欧冠资格，克洛普和球队必须在赛季收官日全力争胜。

利物浦的对手是已经降级的米德尔斯堡，但这场比赛没有任何容错空间。上半场大部分时间，利物浦踢得都很紧张，迟迟未能打破僵局。临近中场休息时，主队仍在不懈地进攻。而在北伦敦，阿森纳胜券在握。

安菲尔德球场里，客队球迷高唱："进欧冠？你们在开玩笑吧。"不过，维纳尔杜姆在上半场补时阶段进球后，嘲讽声消失了。库蒂尼奥在第51分钟将比分扩大为2比0，随后拉拉纳再进一球。克洛普在场边乐开了花，疯狂地捶胸庆祝。"我真的很高兴，"他赛后说，"今天太爽了。"

曼城也赢球了，利物浦最终排名第4位，后续还要通过两回合资格赛争取欧冠正赛门票，但克洛普对此并不是太担心。

拉拉纳破门锁定胜局，队员们庆祝球队争四成功。

这正是他在赛季初设定的目标，所有工作都按部就班地开展。维纳尔杜姆、马内和马蒂普在 2016 年夏窗加盟后，都发挥了各自的作用。2017 年休赛期，球队再次得到补强，以迎接未来的新挑战。“我非常期待新赛季，”克洛普补充道，“我认为我们已经打好了基础。”

一位前利物浦主教练说过：欧洲足坛缺了利物浦，就像宴会少了美酒。一场名副其实的盛宴，正在等待克洛普的利物浦。

“法老”驾到

2017 年 6 月 22 日，萨拉赫加盟利物浦

开始，萨拉赫似乎不太可能成为利物浦在 2017 年夏窗的引援目标。媒体爆出利物浦有意萨拉赫的消息后，不少人都大吃一惊。

不过，克洛普很早就看上了萨拉赫，曾想把他签到多特蒙德。从那时起，克洛普一直关注着萨拉赫的情况。“他在巴塞尔时，我们（多特蒙德）和巴塞尔交手，我们不认识他。当时我的感觉就是他真的太强了，”克洛普回忆道，“但我和俱乐部建议要签他时，他已经去了切尔西。”

克洛普说的是 2014 年的事情。有意思的是，当时利物浦也想签下萨拉赫。后来，他只在切尔西效力了很短的时间，表现平平，有人觉得利物浦不应该吃回头草。但克洛普依然相信自己没看错人。“他在切尔西表现不好，因为当时他还是个孩子，不该那么早就去。人人都需要建立信心，人人都需要别人的帮助，更何况他当时年纪那么小，突然就到了一个陌生的联赛，竞技水平非常高，对球员的要求也非常高。”

萨拉赫被穆里尼奥带到英格兰后，总共为切尔西出场 19 次，仅打进两球，贡献确实微乎其微。他还代表切尔西在安菲尔德球场踢过一场比赛——正是那场让利物浦丢掉 2013/2014 赛季英超冠军的著名败仗。穆里尼奥用不好萨拉赫，深感沮丧，将他送去意大利。萨拉赫先是被租借给佛罗伦萨，随后又被租借到罗马，在 2016 年以正式转会的方式加盟罗马。

在罗马效力期间，萨拉赫声名鹊起，再次吸引利物浦球探的关注。他进化为全能攻击手，能胜任中场、边路和前锋等多个位置。他速度快、技术好，既能创造机会，也能射门得分。这些特点非常适合克洛普的高位逼抢打法。2016/2017 赛季，萨拉赫在罗马表现出色，球探在报告中给他的评语是“无所不能”。

不过，克洛普最初并不确定萨拉赫是否还适合利物浦，他透露是俱乐部的球探部门说服了自己。“他们认真考察了萨拉赫，工作做得非常细致。他们不停地给我们推荐他，说：‘他百分之百准备好了，他真的很合适。’”

克洛普最关心的是：萨拉赫的身体和心理能否适应高强度的英超联赛？

“他的速度就不用说了，我们看了他很多比赛，了解其他情况。首先身体对抗肯定要过关，从电视上看，他是真瘦啊。”但看到球员本人后，克洛普终于相信球探们所言非虚，心里也打定了主意：他看起来已经准备好了。

萨拉赫打破队史纪录的转会费也引发热议，但谈判结束、合同正式签订后，主教练喜笑颜开，利物浦迎来2017年夏窗的首位重要新援。

克洛普说：“我们知道自己得到了什么。他在意大利踢得非常好，能力很强，能够提升我们的实力，补强我们的阵容。我们很期待他的到来，能说服他加盟，我们很开心。

“萨拉赫既有经验，又有潜力，很完美。他了解英超联赛，踢过欧冠，也是埃及队最重要的球员之一。自从他在巴塞尔崭露头角，我就一直关注着他，他现在已经非常优秀了。他速度很快，能增加我们的进攻威胁，我们在这方面本来就很强。我们会更有竞争力，我很开心。

“他不满足于现状，想进步，渴望变强，对我们来说这才最重要的。他对我们在利物浦所做的工作也很有信心，非常想参与进来。这个球员很有志

萨拉赫正式签约，成为利物浦球员。

气，有好胜心，而且想在最高水平的比赛中赢球。他相信自己可以在利物浦实现雄心壮志。”

球员和俱乐部确实是双向奔赴，萨拉赫告诉利物浦官网：“我很高兴来到这里，我很开心。我会拼尽全力，为俱乐部付出一切，我真的很想为这家俱乐部赢得成绩。我们有一套很强的阵容，有非常优秀的球员，大家都能看到教练在工作中倾其所有。我希望以后和大家一起拼，为俱乐部、球迷和我们自己赢得胜利。”

克洛普没给萨拉赫设定进球数目标，也没人知道他未来能打进多少球。

萨拉赫在几周后客场对阵维冈的热身赛中破门得分，在之后的热身赛中又打进 3 球。2017/2018 赛季英超首轮，利物浦客场 3 比 3 战平沃特福德，萨拉赫上演“红军”生涯正式比赛首秀，打入客队的第 3 球。此后，他一发而不可收，不停刷新各种进球纪录。

萨拉赫首次代表利物浦在英超联赛出场，在维卡拉格路球场破门得分。

克洛普和我有共同的目标，那就是为利物浦赢得奖杯，我决定加盟利物浦当然也与此有关。我们之前沟通过，聊得很好，他介绍了自己的发展规划，让我相信利物浦是最适合我的球队。我加盟利物浦后，我们关系一直很好。我们相互了解，彼此尊重，很欣赏对方。我们还相互帮助，竭尽全力赢得比赛，这是最重要的。一开始我们成绩并不出色，但后来我们一起把该拿的荣誉都拿了，我非常自豪。这些年，他让利物浦各方面都进步了，大家很喜欢他，他是个伟大的主教练，这一点有目共睹。能为他踢球真的很棒。

穆罕默德·萨拉赫

2017 年至今效力于利物浦

好“范”不怕晚

2018 年 1 月 1 日，范戴克加盟利物浦

好事多磨，克洛普必须有圣贤般的耐心，才能完成他任期内和利物浦队史上最重要的引援之一。

此前，利物浦已签下前锋萨拉赫，刷新了队史转会费纪录。克洛普知道，接下来该补强球队的防线。洛夫伦和马蒂普这对中卫组合实力不弱，2016/2017 赛季，两人搭档首发出战了 18 场比赛，利物浦只输掉其中 1 场。但整个赛季下来，利物浦的联赛失球数是英超四强里最多的。2017 年夏窗，利物浦从赫尔城引进边卫罗伯逊，但克洛普很清楚，自己非常需要一名具备领袖气质的新中卫。南安普顿队长维吉尔·范戴克是他的头号目标。

“当时，他是英格兰最受瞩目的中卫，”克洛普回忆道，“他在南安普顿受伤前那两年，表现是真好。我也看过他在凯尔特人的比赛，但没感觉他是世界级球员，就是一个非常优秀的中卫，当时我也不需要买中卫。后来我到了利物浦，我们非常需要他，他来利物浦也可以更上一层楼。”

由于曼城和切尔西也想要范戴克，而南安普顿又不愿卖掉他，这笔交易很难成行，慢慢演变成历史上最旷日持久的转会肥皂剧之一。

利物浦在 2017 年 4 月就对范戴克感兴趣，并希望在那年夏窗签下他。当时，利物浦的防线存在很大的漏洞，克洛普相信范戴克可以成为安菲尔德球场辉煌新时代的防线基石。然而，南安普顿表示范戴克是非卖品，两家俱乐部进行了谈判，最终交易未能成行。利物浦列出很多备选方案，但克洛普强调自己只想要范戴克，坚称“没人比他更好”。

克洛普决定继续等待，这么做风险很高，不免让球迷有些担心。这是可以理解的，有人赞同克洛普的选择，也有人认为这会影响球队新赛季的战绩。

2017/2018 赛季上半程，持第二种观点的人似乎更有先见之明。利物浦依然存在防守问题，有 5 场比赛中单场失球数高达 3 个或 3 个以上。

利物浦在联赛中还是挤不进争冠集团，在欧冠赛场也是艰难晋级淘汰赛，球迷忧心忡忡。这种情况更坚定了克洛普招募范戴克的决心。他坚信只要得到范戴克，利物浦就能迈出至关重要的下一步。

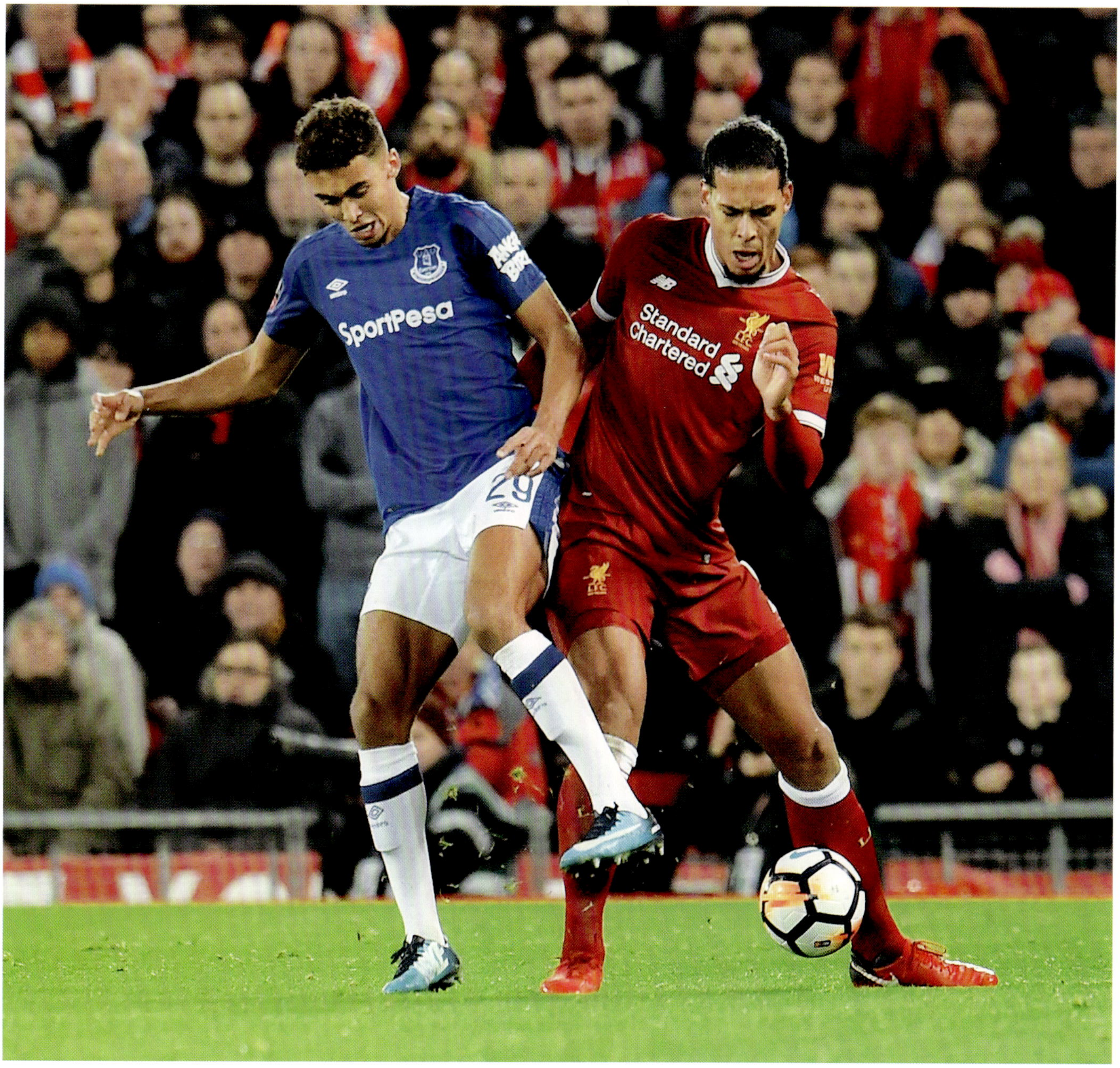

范戴克帮助球队主场战胜埃弗顿，为“红军”生涯开了一个好头。

克洛普从未放弃。最终，两家俱乐部在2018年元旦前后完成交易。范戴克的转会费刷新了利物浦队史纪录，克洛普得到心仪的球员，心情大好。

“我们夏天就想买范戴克，但未能如愿，冬天我们又尝试了一次，终于成功了。这笔交易对我们很重要，也会带来很大的改变。范戴克做决定的那天，真是美好的一天，是我们队史上的大日子，也表明了我们的志向。”

范戴克身材高大，看起来有点像球队名宿罗恩·耶茨。当年，香克利打造出的第一支伟大球队，正是在传奇队长耶茨的带领下取得成功。1962年耶茨加盟利物浦后，香克利曾邀请记者们“绕着他走一圈”。范戴克来到安菲尔德球场后，克洛普没有这么做。日后，这名铁卫将发挥和耶茨一样重要的作用。

范戴克拿到 4 号球衣后，迫不及待地想换上这件战袍，追随传奇的脚步。他说：“俱乐部的历史、主教练和球迷等，这一切都非常适合我，我在最佳时机加盟了利物浦。”

2018 年 1 月 5 日，到队仅 4 天的范戴克就亮相安菲尔德球场，感受了默西塞德郡德比的狂热气氛。那个周五晚上，天气很冷，利物浦和同城死敌会师足总杯第 3 轮，克洛普承认赛前曾犹豫要不要派范戴克出场。

“其实也不是有意安排的，早上我还没想过让他上场。我不是不想让他上，但毕竟是第一场比赛，又是对埃弗顿。如果出了差错，这个头就没开好，我们当然希望他有个开门红。但后来我感觉他准备好了，所以就安排他上了，这个决定太明智了。”克洛普说。

比赛非常激烈，范戴克首发出场，交出了令人满意的答卷。他从始至终踢得沉稳又优雅，争顶赢得轻轻松松，处理球尽显智慧。上半场，米尔纳点射破僵。下半场，埃弗顿顽强追平。终场哨眼看就要吹响，重赛似乎不可避免。第 84 分钟，利物浦从左侧角旗区开出角球，范戴克高高跃起，力压防守球员，将球顶进 KOP 看台下方的球门。

这是何等完美的剧情，安菲尔德球场沸腾了，“红军”球迷有了一位新英雄。“期望会带来压力，但他显然承受得住压力。世界上已经没有多少童话了，而这就是个童话。”克洛普赛后夸赞道。

范戴克只用一场比赛，就证明自己值得利物浦一掷千金，而且多等半年。他是“克式红军”防线上的新支柱，而他的作用还远不止于此。不久之后，所有人都会对他赞不绝口。

选择俱乐部，最重要的是看主教练，尤尔根·克洛普是我选择利物浦的主要原因之一。我们第一次沟通时，他就跟我讲了这家俱乐部有多好。我静静坐着，听他介绍，心想：“好像非常适合我。”他很特别，也比其他教练更有领袖气质，这项能力非常重要。他让全队充满信心，鞭策球队前进，还能激发每个球员心底的斗志，我在第一场比赛就真切感受到了这一点。本来我不上场的，但他临时改了主意，我很高兴他这么做了，因为我度过一个难忘的夜晚，开了个好头。

维吉尔·范戴克

2018 年至今效力于利物浦

Standard
Chartered

范戴克进球后与张伯伦一起庆祝，他在安菲尔德球场的首秀令人难忘。

在这个难忘的欧冠之夜，萨拉赫率先攻破曼城球门。

新双城记

2018 年 4 月 4 日，欧冠 1/4 决赛首回合，利物浦 VS 曼城

如今，利物浦对阵曼城已经成为英格兰足坛最火爆的对决之一，两队的恩怨可以追溯到 2018 年 4 月那个令人难忘的安菲尔德欧冠之夜。

此前，利物浦和曼城虽然在地理位置上相隔不远，但一直相安无事。利物浦在曼彻斯特的死敌是曼联，后者也把利物浦视作眼中钉。利物浦和曼联是英格兰最成功的两家俱乐部，互相看不惯也是可以理解的。

后来，曼城慢慢崛起。2015/2016 赛季联赛杯决赛，曼城通过点球大战击败利物浦。之后，瓜迪奥拉出任曼城主帅，带领曼城于 2018/2019 赛季夺得英超冠军。

克洛普和瓜迪奥拉对彼此并不陌生。两人在德国交过手，分别执教多特

张伯伦将领先优势扩大为两球，利物浦最终 3 比 0 大胜曼城。

蒙德和拜仁。在外界看来，他们都是最优秀的主教练之一。克洛普对瓜迪奥拉赞不绝口："我非常尊敬他，我真心认为他是世界上最好的主教练。"

当时，曼城高居英超积分榜首，非常希望在欧冠赛场实现突破。在欧冠 1/4 决赛中，他们是更被看好的一方。克洛普乐于接受这样的挑战，并表示："他们不管做什么都是最高水平，但我们知道自己也有机会，对我来说这就够了。"

曼城在安菲尔德球场挨了一记闷棍。整场比赛，主场球迷喊声震天，主队攻势如潮，客队始终没有缓过神来。

赛前挑边时，曼城选择先攻安菲尔德路看台这一侧，利物浦只能被迫先朝 KOP 看台前进攻。开场后，我们迅速进入状态，用行动惩罚对手。面对克洛普的高位逼抢战术，曼城根本没有喘息之机，还没弄清楚状况就大比分落后，晋级希望化为泡影。"如果你想赢曼城，那就别无选择，"克洛普赛后说，"你也可以缩在后面防守，祈祷他们进不了球。但我们是利物浦，我们就是要用自己的方式赢球。"

首回合赛后，克洛普和队长亨德森向球迷鼓掌致意。

第 12 分钟，萨拉赫率先破门，斩获利物浦生涯首个赛季的第 38 个进球。9 分钟后，另一名夏窗新援张伯伦再进一球。第 31 分钟，马内锦上添花，将比分改写为 3 比 0。

之后分差没有变化，但利物浦的领先优势足够大。看台上的球迷开心地挥舞围巾，欢庆胜利，大家真没想到这场球能赢得如此酣畅淋漓。“我们击败了世界上最好的球队。”克洛普赛后说。

一周后，次回合较量，利物浦在曼彻斯特再次取胜，成功晋级。曼城无力改变战局，也猛然惊醒：克洛普正在安菲尔德球场酝酿风暴。

利物浦已经被重新唤醒，瓜迪奥拉和曼城也对这次失利耿耿于怀。接下来几个赛季，曼城将成为利物浦成功之路上的劲敌。一场新的争霸战正式拉开序幕。

他是个了不起的人物，魅力十足，能量满满，能带动俱乐部。他让利物浦团结一致，彻底改变了俱乐部。从他上任第一天起，你就能感觉到这一点。你看他多自信，说话多有底气，他为人直爽，与球迷、球员的关系也处理得很好。他就是为成为利物浦主教练而生的。很多令我们头疼的战术问题，都关系到如何应对（他们的）逼抢。利物浦在高位抢得非常凶，成功率非常高，一旦让他们抢到球，你就知道坏了。你后场一片空，很被动，他们三匹快马往前插，很危险。他给英超带来了新东西，他对英格兰足球影响很大。

米克尔·阿尔特塔

2016 年至 2019 年任曼城助教
2019 年至今任阿森纳主教练

再见，罗马

2018 年 5 月 2 日，欧冠半决赛次回合，利物浦 VS 罗马

1977 年和 1984 年，利物浦曾在罗马两夺欧洲冠军杯冠军。意大利首都在利物浦球迷心中永远有着特殊的地位。利物浦人和罗马人一样，真的相信罗马是永恒之城。利物浦队史上多位传奇教练曾带队在这座城市赢球，比如鲍勃·佩斯利、乔·费根和霍利尔。2018 年春天，克洛普也加入前辈们的行列。

克洛普手下有一位后卫名叫“维吉尔”，这或许就是天意。很久之前，正是诗人维吉尔将罗马描述成“永恒帝国”。罗马人相信，即使罗马帝国消亡了，罗马城也将永存。利物浦球迷同样信任自己的球队，而克洛普就是他们的“新皇帝”。

利物浦延续了传统，再次为英格兰球队树立了欧战标杆。利物浦时隔 4 年重返欧冠舞台，一路打进四强，令球迷惊喜万分。

新援范戴克稳固了后防，利物浦在赛季下半程状态飙升。虽然在英超赛场，利物浦仍无法挑战领头羊曼城，但在欧洲最高水平的俱乐部赛事中，利物浦接连闯过两轮淘汰赛。

经过克洛普的改造，利物浦飞速进步。短短两年多的时间，他将一支看似平庸的球队带进欧冠四强。在此之前，利物浦已有 11 年未曾达到此高度。红色的利物浦队旗又一次次高高飘扬在欧洲。

克洛普还改变了外界对利物浦的看法。利物浦晋级欧冠半决赛，实力不再受到质疑，能够有底气与欧洲顶级强队同场竞技。正如一首歌中所唱，强大的“欧洲红军”又杀回本就属于他们的舞台。

赛前，场外有两个非常有意思的话题。1984 年，罗马在主场不敌利物浦，痛失欧洲冠军杯冠军。那一夜，两队拼到点球大战，阿兰·肯尼迪在第 5 轮出场，一剑封喉，给罗马人留下挥之不去的心理阴影。罗马球迷忘不了那次失利，30 多年过去了，他们仍期待有朝一日找利物浦报一箭之仇。

另外，萨拉赫在告别罗马不到一年后，就要与老东家兵戎相见。

首回合较量在安菲尔德球场进行，萨拉赫火力全开，打进两球，送出两次助攻，利物浦一度打蒙罗马。第 68 分钟，利物浦 5 比 0 领先，比赛若就

此结束，该比分将刷新欧冠半决赛历史纪录。终场哨音还没吹响，某些球迷可能已经在网上查询特价机票，计划前往基辅观看决赛的行程。

不过，当罗马在最后 9 分钟连入两球、差点打进第 3 球时，提前订票就显得不那么明智了。四分之一决赛，罗马首回合客场 1 比 4 输给巴萨，次回合在主场 3 比 0 大胜，逆转晋级。面对这样一个对手，利物浦绝对不能掉以轻心。

一周后，两队移师罗马再战，克洛普赛前自信地表示："我们在安菲尔德球场踢得非常主动，赛后有人觉得我们输了，但我们没输。我们的情况比想象的要好得多。"

记者问他准备如何应对次回合比赛，克洛普答道："没有完美的计划。如果真想赢，首先得明白自己可能会输。我们要勇敢一点，形势对我们有利，我要利用好，不能反过来被对手利用。这场他们必须取胜，肯定会攻出来，我们要利用好这一点。"

罗马奥林匹克体育场算得上一个令人生畏的地方，开场仅 9 分钟，马内就破门得分，赛前的种种焦虑似乎得到缓解。随后，米尔纳打进乌龙球，10 分钟后，维纳尔杜姆再次为利物浦取得领先优势。

罗马门将阿利松在萨拉赫逼抢下护球，未来两人将在利物浦成为队友。

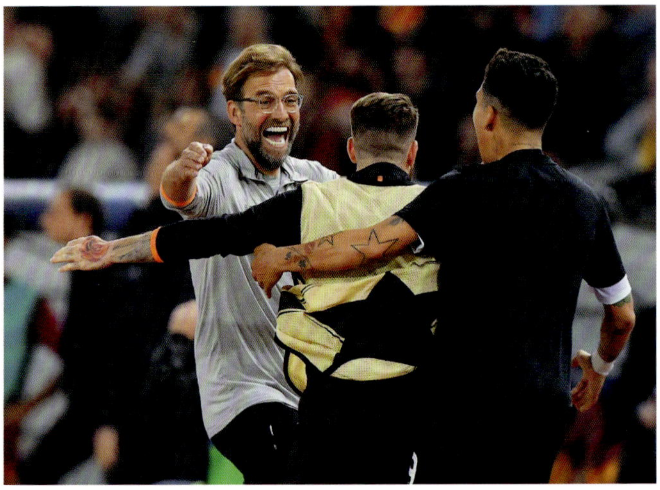

马内与随队出征的球迷一起庆祝晋级欧冠决赛（左）。

终场哨声后，克洛普的喜悦之情溢于言表（右）。

然而，这个夜晚注定漫长。罗马在下半场开始后不久抹平分差，在第86分钟将比分反超。比赛时间所剩无几，他们需要再进两球才能扳平总比分。伤停补时最后1分钟，罗马罚进点球，4比2领先利物浦，利物浦球迷又紧张起来。

突然之间，利物浦球员心态不稳了，也筋疲力尽了，一点都不想和对手再鏖战半小时。“有点刺激，我其实不希望这么刺激，”克洛普说，“这是我们第一次没发挥出应有的水平，真进了加时赛，我不知道我们能打成什么样。”

万幸的是，利物浦经受住了考验，克洛普无须考虑加时赛。终场哨响后，利物浦球员和随队出征的5000多名球迷都欢呼雀跃。

赛后，克洛普承认有时运气确实会眷顾利物浦，而球队打进决赛后，他如释重负，激动不已。“我们运气不错，我们确实需要运气，但从整场比赛来看，我们配得上晋级。我们打完资格赛才进欧冠正赛，现在我们进了决赛，我很开心。”克洛普说。

克洛普只想好好享受这一刻。比赛结束半小时后，他走出更衣室，再次走到球迷面前庆祝。“他们跟着我们走遍欧洲，看到他们的笑脸，是我工作中最美好的事情。”克洛普说。

利物浦输掉一场战斗，赢得整场战争，再次征服罗马城。“克式红军”启程迈向下一个战场。

让利物浦重返欧冠，这本身就是一项重要成就，但尤尔根·克洛普从不说什么“重在参与”。他的球队只要参加了某项赛事，就必须以夺冠为目标，我们在利物浦第一次参加欧冠，就一路打到决赛。他逐渐改变了这家俱乐部的精神面貌，我们去罗马之前信心十足。当然，没有任何一场比赛是好打的，克洛普提醒大家——次回合比赛中，就把总比分当成 0 比 0。最后我们还是输了，他有点不开心。但他也知道，我们又进决赛了，这是个重要时刻，也是球队取得进步的重要标志。克洛普是天生的领袖，一刻也不停歇，就是要把荣耀带回安菲尔德球场。

彼得·克拉维茨

2015 年至 2024 年任利物浦助教

遗憾

2018 年 5 月 26 日，欧冠决赛，利物浦 VS 皇马

不经历风雨，怎能见彩虹。在那个充满遗憾的基辅之夜，这句话很难安慰克洛普，因为他跌入了担任利物浦主帅以来的最低谷。

2017/2018 赛季，克洛普成功地将球迷从质疑者变成信徒，最高潮在赛季最后一天到来。利物浦时隔十余年再进欧冠决赛，所有人都相信这支球队已走上正轨，有望重现昔日的辉煌。

萨拉赫成为全欧最令人胆寒的射手之一，在利物浦生涯首个赛季奉献了堪称完美的个人表现。他首次代表利物浦出场就斩获进球，之后也保持了极高的得分效率。整个赛季，他在联赛中打进 32 球，刷新英超纪录，荣膺金靴奖，成为自 2014 年苏亚雷斯后首位获此殊荣的利物浦球员。

萨拉赫在欧冠联赛中打进 11 球，为球队进入决赛立下汗马功劳。他与菲尔米诺、马内组成“红箭三侠”，该组合迅速成为利物浦队史上最犀利的进攻三叉戟之一。

2018 年，利物浦球迷在基辅观看球队对阵皇马的欧冠决赛。

其他新援中，范戴克坐镇后防，带来了球队此前一直缺少的沉稳气质，罗伯逊坐稳主力左后卫位置，张伯伦打进不少关键球，证明了自己的能力，但在半决赛与罗马的首回合较量中不幸重伤。

唯一令人担心的可能就是门将位置，卡里乌斯取代米尼奥莱成为主力门将，但球队的失球数不降反升。利物浦在两项国内杯赛中早早出局，在联赛中依然强势，末轮主场 4 比 0 大胜布莱顿，连续两个赛季争四成功。

欧冠才是利物浦大放异彩的舞台。克洛普的球队从小组赛中轻松突围，随后接连淘汰波尔图、曼城和罗马，这一切都体现了主教练出众的执教能力。

在克洛普的带领下，利物浦三年内第三次闯进杯赛决赛，美中不足的就是奖杯仍未到手。

“打了这么多比赛，我还是没看到奖杯，”克洛普在欧冠决赛前说，“梅尔伍德还没挂上奖牌，我们仍需努力。”但在基辅奥林匹克体育场，他又一次领悟了“行百里者半九十”的道理。

在一场定胜负的决赛中，任何球队碰上利物浦都会发怵，只有皇马不会。西班牙豪门此前已连夺两届欧冠冠军，胜算更大，志在完成欧冠三连冠，并拿下队史第 13 个欧冠冠军。

不过，克洛普坚信球队有机会，也解释了原因：“因为我们是利物浦。”就这么简单。

主教练信念坚定，在他的感染下，成千上万的利物浦人长途跋涉来到乌克兰首都，准备在第聂伯河畔狂欢，留下新的美好回忆。他们在谢甫琴柯公园起舞，把红色的旗帜和横幅挂满树梢。开球前，他们又在体育场内与杜阿·利帕一起高唱 *One Kiss*。

利物浦虽然不被外界看好，但开场后迅速进入状态，踢得信心十足。第 30 分钟左右，萨拉赫被拉莫斯冲撞，受伤无法坚持，含泪抱着肩膀离场。利物浦瞬间没了气势。

萨拉赫的伤退让胜负天平倒向皇马，克洛普用很官方的口吻说：“这是比赛中的一个重要时刻。”利物浦遭遇如此有争议的事件，失去了队内头号攻击手，球迷的乐观情绪渐渐消退。雪上加霜的是，卡里乌斯在第 51 分钟失误送分，皇马 1 比 0 领先。

值得称赞的是，利物浦发起了反攻，但持续时间很短。4 分钟后，马内进球，扳平比分。第 63 分钟，替补上场的贝尔倒钩破门，为皇马再次将比

萨拉赫和拉莫斯对抗后受伤离场（左）。

一步之遥，克洛普再次与欧冠奖杯擦肩而过（右）。

分超出。第 83 分钟，贝尔远射，卡里乌斯扑球脱手，再送一球。利物浦只能接受输球的命运，全队上下痛彻心扉，队员们瘫倒在地，泪流不止。克洛普在新闻发布会上沮丧地说：“今晚我们没有拿到最好的剧本，我们想赢，最后却一败涂地。”

一个本来充满希望的赛季，就这样在失望中结束了，输球的方式更是让人难以接受，克洛普依然无法打破逢决赛必败的魔咒。

第二天凌晨，利物浦将士慢慢调整好情绪。一段克洛普引吭高歌的视频在网上疯传，“红军”球迷看到了他的不甘，听到了他的心声：我们来日方长。

“我们与欧冠奖杯擦肩而过，皇马运气太好了，我们发誓会坚持下去，会把奖杯带回利物浦。”

欧冠决赛在基辅举行，赛前3小时，我们开了最后一次准备会，我想他能感觉到我们有点焦虑和紧张。开会前，他先展示了一下内裤，是CR7品牌的，C罗的品牌。他说："我不是有意要穿的，我的内裤和袜子都是老婆打包的，穿到今天就剩下这条了。"这可是欧冠决赛准备会，他的开场白如此有趣，大家的压力一下就小多了。他改变了我对足球的看法，克洛普是高位逼抢的代名词，高位逼抢强调的不仅仅是细节，而是一整套体系。他把这套东西讲得非常清楚，每个人都知道自己要干什么。他擅长化繁为简，这就是他的厉害之处。无论踢球还是做人，他都改变了我。

拉格纳·克拉万

2016年至2018年效力于利物浦

FINAL

第3章

永不放弃

2018/2019赛季

战歌

2018 年 7 月，休赛期美国行

虽然利物浦输掉了欧冠决赛，但 2018 年夏天仍让人充满期待。前一个赛季，利物浦在克洛普带领下走上复兴之路，也多了一首新战歌。休赛期到来后，这首歌的旋律依然回响在每个人耳边。

2017/2018 赛季欧冠 1/8 决赛，利物浦客战波尔图，赛前利物浦球迷第一次唱起 *Allez Allez Allez*。这首歌很快就流行起来，随着利物浦一路传唱到基辅。该歌改编自意大利双人组合 Righeira 于 20 世纪 80 年代推出的一首舞曲，由利物浦人菲尔 · 霍华德和利亚姆 · 马龙重新填词，回顾了利物浦辉煌的欧战史，也非常适合利物浦的新时代。

2017/2018 赛季收官阶段，无数利物浦球迷追随球队走遍欧洲，其中就有 24 岁的电工、兼职音乐人杰米 · 韦伯斯特。在他和众多利物浦球迷看来，克洛普就是新的救世主，这位教练让他们看到了梦寐以求的足球。

每逢主场比赛日，韦伯斯特会在安菲尔德球场附近的酒吧表演，在利物浦当地球迷中渐渐唱出名气。比赛结束后，利物浦市中心还有“主帅之夜”演唱会，该活动的忠实观众都非常喜欢韦伯斯特。

对许多随队出征基辅的利物浦球迷来说，最难忘的记忆是在谢甫琴柯公园举行的赛前派对。韦伯斯特是那天的主角，他高声唱起了利物浦的非官方新队歌。后来，随着他越来越有名，俱乐部邀请韦伯斯特参加 2018 年休赛期的美国行，给大洋彼岸的球迷献唱。

克洛普很早就接受了利物浦独特的球迷文化，而韦伯斯特正是这种文化的最佳代表。主教练承认很喜欢 *Allez Allez Allez*，自己也是韦伯斯特的忠实粉丝。“我喜欢杰米，但不认识他，我看过他唱歌的视频，他把这首歌演绎得非常好！”克洛普说。

美国行给了克洛普现场听歌的机会，他毫不犹豫决定要“突袭”美国密歇根州的一场演出。克洛普突然现身后，正在演唱的韦伯斯特呆住了，激动到失声，接着兴奋地又唱了一遍 *Allez Allez Allez*。

“有杰米在，我毫不犹豫决定去看一看，”克洛普透露，“我完全不知道

2018 年夏天利物浦美国行期间，杰米 · 韦伯斯特在密歇根州为美国球迷献唱。

里面是什么情况，也不知道有多少人，我以前从没进去看过。”克洛普很快就融入了现场的氛围，拿出了指挥比赛时的热情，跟唱了每一句歌词，像其他观众一样挥手与韦伯斯特互动。

一切都没有事先安排，这一幕是如此暖心。克洛普认为，足球的意义在于享受每一段旅程，而这样的歌曲是旅程中不可或缺的要素。克洛普告诉韦伯斯特：“如果我们每个人——球迷、球员和工作人员，都朝正确的方向走，虽然这不能保证我们一定成功，但能让我们更接近成功。”

克洛普是真正的平民教练，与球迷心连心。他们将携手让利物浦变得更强。

那是我第一次见到克洛普，那一刻，我终生难忘。他来看我的演出，之后我们聊了差不多5分钟，聊了足球和音乐。我就是一个喜欢到现场看球的利物浦小伙儿，我真不敢相信，克洛普居然会抽空来听我唱歌。他给了我一个惊喜，后来那段视频在网上疯传，我的音乐生涯算是真正起步了。我以前说过，克洛普的为人处事比工作能力更出色，这是实话，这本身就很说明问题，我认为他是世界上最好的足球教练。他为我做了很多事情，我永远都报答不了。我们球迷欠他太多了，而他什么都不欠我们。我永远支持克洛普。

杰米·韦伯斯特

利物浦球迷，歌手，作词人

教练进场

2018 年 12 月 2 日，英超联赛第 14 轮，利物浦 VS 埃弗顿

足球比赛中最让人开心的事情，莫过于绝杀和德比赢球。克洛普上任后，利物浦对这两种体验都习以为常。如果将二者结合起来，用主教练的话来说，那感觉就是“Boom”！

2016 年 12 月，马内在古迪逊公园球场绝杀埃弗顿。在世界足坛，两年的时光不算短暂，但在默西塞德郡，历史是不容遗忘的。两年过后，利物浦人依然在歌唱那场胜利，埃弗顿人仍为那次失利耿耿于怀。

2018/2019 赛季，利物浦在前 13 轮联赛中取得了 10 胜 3 平的佳绩，紧追领头羊曼城。这是球队在克洛普时代首次向联赛冠军发起强有力的冲击。因此，这天的德比战，利物浦和埃弗顿不仅仅是为社区荣誉而战。比赛非常激烈，两队针尖对麦芒，迟迟未能打破僵局。

最后阶段，场上比分仍是 0 比 0。第 86 分钟，克洛普撤下菲尔米诺，几乎被人遗忘的前锋奥里吉替补出场。当时，没人想到这是“红军”主帅使

皮克福德无力阻止奥里吉读秒绝杀。

利物浦再次赢下默西塞德郡德比，又留下一段令人难忘的回忆，克洛普带头庆祝胜利。

出的撒手锏，对方教练组应该一点都不紧张。2017/2018赛季，奥里吉被外租，暂别英超。从2018/2019赛季揭幕战到这场德比前，奥里吉还没在英超登场，在利物浦一线队总共上场11分钟。但克洛普说："我们的想法很明确，我们就是要赢，要拼到最后一刻，我们让他上场就是争胜的。"

伤停补时阶段，埃弗顿似乎乐于接受平局的结果。他们相信自己踢得很好，肯定输不了，而克洛普不这么认为。

埃弗顿球迷不停地冷嘲热讽，KOP看台的助威声依旧震耳欲聋。阿诺德从中场附近起长传，埃弗顿抢到第一点，完成解围，范戴克禁区外抡起一脚，又把球踢向对手门前。

看台上有些观众已经起身往出口走，埃弗顿门将却莫名其妙地手滑，将球托到横梁上。电光火石间，奥里吉机警插上，甩头攻门得手。安菲尔德球场瞬间变成欢乐的海洋。

克洛普彻底失控了，冲入场内，狂奔36米，扑进阿利松的怀抱中。随后，他又冲回场边，拥抱了助教林德斯。"这个进球当然有运气成分，"克洛普赛后点评道，"但这场比赛很漫长，双方都有机会，我认为我们配得上拿3分。"

奥里吉绝杀埃弗顿的事迹，将在安菲尔德球场永远流传下去。后来，克洛普为自己的激情庆祝道歉，说他无意冒犯任何人。但考虑当时的情况，谁又会怪他呢？

Standard
Chartered

克洛普有个性、有远见，对俱乐部影响很大，他对我个人的影响更大。我刚到他手下时还很年轻，他就像我父亲一样，带着我、管着我，无论场上还是场下，他对我帮助都很大。他知道如何让我发挥出最佳水平，一直非常信任我，所以我上场后信心百倍。与埃弗顿那场比赛，他在派我上场前说："上去就按你自己的节奏踢。"那场比赛压力非常大，但他知道我能做什么。那个进球就和电影一样，没有比这更完美的剧本了。我们一起经历过很多难忘的时刻，他真的与众不同，他和香克利、达格利什、杰拉德等人一样，是利物浦队史上的丰碑。

迪沃克·奥里吉

2014年至2022年效力于利物浦

赛季最佳扑救

2018 年 12 月 11 日，欧冠小组赛第 6 轮，利物浦 VS 那不勒斯

2018 年 12 月，利物浦在欧冠命悬一线。前一个赛季，利物浦在欧洲小组赛阶段未尝败绩，稳稳出线。而这个赛季，利物浦在小组赛客场三战皆墨，末轮与那不勒斯一役成为生死战。

2017/2018 赛季，利物浦一路杀入欧冠决赛，成绩超出预期。而这一次，利物浦表现平平，甚至可能去踢欧联杯。对克洛普来说，这种结果如同噩梦，他连想都不敢想。

2018 年夏天，利物浦的实力得到进一步提升，克洛普认为球队的改造接近完成。

利物浦花高价从罗马挖来门将阿利松，这是球队在那个夏窗最重要的引援。基辅决赛夜，卡里乌斯屡次失误，克洛普把升级一号位作为当务之急，毫不犹豫地让阿利松成为足坛最贵的门将。后者在罗马效力时，一名教练称他是“门将中的梅西”，可以“定义一个时代”。2018 月 5 月，阿利松随罗马做客安菲尔德球场，丢了 5 个球，但丝毫没有影响克洛普对他的看法。

“他是世界上最好的门将之一，签下他的机会来了，我们没有考虑太久，”克洛普说，“我觉得我们必须出手。别管他多贵，我们也不在乎他多贵，市场行情就是这样，我们不会左思右想。当然，这也说明现在的好门将有多么值钱。”

同一个夏窗，利物浦还从摩纳哥签下法比尼奥，从 RB 莱比锡引进凯塔，从斯托克城买回攻击手沙奇里。和其他新援不一样，阿利松是用来补齐阵容短板的人，是克洛普急需的最后一块拼图，是球队中轴线上最重要的基石。买他这样的大牌球星，就是为了应对日后可能出现的绝境。

欧冠小组赛前 5 轮赛罢，利物浦在 C 组排名第 3 位，若想晋级，必须在末轮零封那不勒斯并取胜，或以两个以上的净胜球拿下对手。在欧冠赛场，利物浦本不该陷入如此境地，但克洛普相信球队还有机会，他自信地表示：“我们有机会，我们将全力以赴，抓住机会。”开球前，巴黎圣日耳曼排 C 组第一，安切洛蒂执教的那不勒斯紧随其后，贝尔格莱德红星垫底，但也有机会出线。形势非常严峻，但越是紧张的时刻，球队越需要保持冷静，稳扎稳打。

萨拉赫打进制胜球，帮助利物浦1比0击败那不勒斯。

利物浦也需要萨拉赫的发挥。第34分钟，“法老”靠娴熟的技术带球杀入禁区，在角度很小的情况下打进价值千金的一球。“这球太关键了。”克洛普赛后说，在这个令人焦虑的夜晚，进球只完成了一半任务。“1比0之后是最困难的。你能看到球员稍微一松劲，对手马上就反扑了，比赛变得异常激烈。”克洛普补充道。

1比0的比分足以让利物浦晋级，但球迷异常紧张，急切地盼望主队再进一球，锁定胜局。因为对手哪怕只进一球，都可能送利物浦出局。在这种情况下，是攻是守很难抉择。利物浦攻上去了，但没有收获，时间一分一秒流逝，那不勒斯的反击越来越有威胁。

阿利松之前面对过更猛烈的围攻，这时考验的就是门将的专注力。他多次化解险情，充分证明了自己对得起高昂的身价。伤停补时第3分钟，阿利松近距离封堵米利克的射门，完成职业生涯最著名的一次扑救。

替补上场的米利克在小禁区接到球，身边无人贴防，那不勒斯有了绝佳的扳平机会。米利克抬脚打门，时间仿佛停滞，所有人的心提到嗓子眼。关键时刻，阿利松果断出击，打开身体，挡出这个必进球。

如果这球进了，利物浦就会提前告别欧冠赛场。赛后，克洛普满脸自豪

赛后，赢球功臣阿利松开心地和主帅一起庆祝。

地说：“哇，这场比赛太精彩了，我不知道还有哪支球队的主教练会比我更骄傲。太疯狂了，对手打了很多反击，但我们也做足了准备。”

克洛普把最高赞誉留给了门将，这一点都不让人意外。“我不知道那个球他是怎么扑出去的，我找不到词来形容。今晚他救了我们，早知道阿利松这么厉害，我肯定出双倍的价钱买他。”

在阿利松的帮助下，利物浦不仅连续第 2 个赛季打进欧冠淘汰赛，也保留了冲击队史第 6 个欧冠冠军的希望。阿利松打破了俱乐部的传统，安菲尔德球场过往的欧战英雄榜上，打进关键球的队员占了大多数，这一次，门将是当之无愧的英雄。

后防稳固的重要性得到了前所未有的体现，克洛普重金引进阿利松的决定无比英明，这个赛季的征途又开始让人充满期待。

我们第一次见面时，克洛普与教练组成员聊得很投机，毫无陌生感，就像老熟人一样。他带队管人的能力非常强，浑身都是正能量。他让大家重新团结起来，全力为球队服务。他给了我们信念，让我们相信自己可以成为一支胜利之师。队里所有事情最后都要他来拍板，但他鼓励大伙发表意见。他很喜欢听我的意见，相信我的观点。我从 2013 年就开始关注阿利松的情况，知道这个守门员多么优秀。我们经常在训练中模拟实战，但对那不勒斯那场比赛，很多情况是没法提前准备的。（阿利松）那次扑救是那个赛季的关键时刻，那个球要是没扑出去，后来所有的事情都不可能发生，但这一切都归功于克洛普。我们和他共事后都受益匪浅，他在利物浦取得很多成就，配得上立雕像。

约翰·阿赫特贝格

2009 年至 2024 年任利物浦守门员教练

利物浦打出队史欧战代表作之一，让安联球场变得鸦雀无声。

扳倒拜仁

2019 年 3 月 13 日，欧冠 1/8 决赛次回合，拜仁 VS 利物浦

克洛普是一个有使命感的人。经历了 2017/2018 赛季的功败垂成后，他想在 2019 年带队圆梦欧冠。但在走到最后的决赛之前，他首先要击败自己的老对手拜仁。

2013 年，克洛普和多特蒙德在温布利球场输给拜仁，痛失欧冠冠军。此后，拜仁就成了他的心魔。2018/2019 赛季，德甲霸主又挡在他和利物浦前进的道路上。如果能扳倒这个老对手，那晋级将变得更加甜蜜。

在英超积分榜上，利物浦和曼城遥遥领先，有人说欧冠可能会分散两队的精力。2019 年 1 月初，利物浦客场小负曼城，遭遇那个赛季在联赛中唯一的败仗。很多人真的相信，利物浦将在这年结束漫长的联赛冠军荒。

在欧冠赛场，利物浦也有望第 6 次登顶。与拜仁的次回合较量前，克洛普回到德国，坚称球队有能力完成双线夺冠的任务。

克洛普率队在德国赢球，开怀大笑（左）。

范戴克高高跃起，头球破门，为利物浦将比分超出（右）。

在安菲尔德球场的首回合交锋中，拜仁占据上风，利物浦遗憾地收获一场闷平。在安联球场，队长亨德森只踢了13分钟就因伤被迫退场，克洛普和利物浦压力陡增。

结果，这个小小的意外又成功激起球员的斗志。上半场第26分钟，马内先进一球，这个球进得非常漂亮，也非常重要，克洛普说自己“愿意看一千遍”。

利物浦牢牢掌握主动权。半场到时前，马蒂普不幸打进乌龙球，但克洛普一点都不慌，“这样的比赛，失误是难免的，但失误之后你要马上调整过来，在失控之前要努力控制局面”。

下半场，利物浦依然踢得很主动，粉碎了拜仁众星的攻势，范戴克和马内各进一球，终结悬念。“我们只要把进攻打起来，就能冲得拜仁七零八落，我们绝对配得上胜利。”克洛普赛后兴奋地说。

紧张过后，利物浦可以惬意地享受胜利，这一夜，利物浦就是这么出色。克洛普的球队又一次在欧洲赛场献上大师级表演，也是打出队史欧战代表作之一。克洛普自豪地宣布：“今晚过后，利物浦正式重返欧洲顶级强队行列。”

对克洛普来说，胜利意味着一切。他终于消除拜仁带给自己的伤痛，利物浦也向着破除欧冠魔咒迈进了一大步。

2018/2019 赛季，我代表拜仁在欧冠与克洛普的利物浦交过手，这场比赛打得挺过瘾的。但当时他们太强了，我们不在最佳状态。比赛很不好打，我们输了，挺难受的。后来，我加盟利物浦，在他手下踢球，这段经历非常重要，改变了我的人生。我学到了新的踢法，与之前的习惯不一样。在比赛中，他就是要让我们适应乱战，以乱取胜。把强度拉起来，让对手不舒服、暴露出弱点。球员肯定需要一点时间才能理解这套理念，才能在高强度的对抗下做出正确的判断。克洛普帮我适应了他的体系，帮我进步了。我很感谢他给我机会成为这座城市、这家俱乐部和这个社区的一员。

蒂亚戈·阿尔坎塔拉

2020 年至 2024 年效力于利物浦

角球快发

2019 年 5 月 7 日，欧冠半决赛次回合，利物浦 VS 巴萨

2018/2019 赛季欧冠半决赛首回合，利物浦在客场 0 比 3 输给巴萨。次回合比赛前，几乎所有人都认为利物浦不可能翻盘了。即便对于克洛普和他组建的这支神奇球队来说，逆转晋级也是一个遥不可及的目标。外界都认为这是不可能完成的任务。

2018/2019 赛季，利物浦再次闯进欧冠四强，过程依然惊心动魄，球迷很难接受半决赛首回合惨败的结果。但他们不知道的是：首回合比赛结束后，在诺坎普球场的客队更衣室里，有人已经开始筹划一场足以永载史册的伟大逆转。

那天晚上，利物浦踢得很好，不过输给了表现神勇的梅西和苏亚雷斯。克洛普承认形势对本队非常不利，但他和教练组不允许队员萌生放弃的念头。他不停地重复“相信”二字，要求全队鼓足信心。“还没输，”克洛普说，“我相信我们还有机会，我们可以翻盘。”

此前，利物浦从未在首回合大比分失利的情况下反败为胜过，但欧冠赛场是发生过奇迹的，比如 2005 年欧冠决赛。2017/2018 赛季，巴萨在欧冠 1/4 决赛首回合大胜罗马，最后却被对手生生逆转。次回合赛前新闻发布会上，克洛普自信表示：“是的，还有希望。我们绝对没有放弃，但我们也不会说‘肯定有机会’。这就是足球，所以我们要试一试，因为小伙子是有能力的，性格也够硬。”

雪上加霜的是，萨拉赫和菲尔米诺均因伤无缘这场生死战。赛前一天，曼城在联赛倒数第 2 轮击败莱斯特城，领跑英超积分榜，利物浦球迷心烦意乱。一个本来充满希望的赛季，很可能以失败而告终。

面对重重困难，克洛普依然希望“红军阵营”保持乐观。他不希望看到球迷在安菲尔德球场垂头丧气，鼓励大家一起创造值得纪念的夜晚。“这应该成为一场足球派对。现场看球的时候，我们不能喝上两杯，反正不能喝含酒精的东西，所以我们应该用足球来庆祝这场派对，这就是我们的计划。”克洛普说。

维纳尔杜姆快马加鞭，连入两球，帮助利物浦扭转乾坤（下页）。

RESPECT
66

“这很可能是本赛季（我们）最后一场欧冠比赛，所以我们要好好庆祝一下，要迈开双腿跑起来，把肺活量拉起来，我们要做正确的事，要把现场氛围搞起来。然后我们再看结果如何，如果能翻盘，那就再好不过了，如果翻不了，那就让我们用最漂亮的方式出局。”

这番讲给球迷的话，收到了极佳的效果。最好的那碗“鸡汤”，主教练留给了队员。比赛当天下午，克洛普在市中心的酒店主持例行的赛前准备会。2015 年，他正是在这里签下合同，成为利物浦主帅。克洛普环顾房间，确认人员已经到齐，然后开口说道：

“我想说，今晚我们要挑战不可能。首回合 0 比 3 输给巴萨，如果今晚的比赛换其他球员来打，不管换哪些人来，我都会说：‘我们完了。’我会说：‘为荣誉而战，为尊严而战。’我会说：‘输就输了，把头抬起来。’但今晚要上场的不是别人，而是你们，所以我们有机会。”这段香克利式演讲，将成为利物浦队史上最重要的赛前动员讲话之一。

几小时后，精疲力竭的利物浦球员走出喧闹的安菲尔德球场，而那些鼓舞人心的话语仍在所有人耳边回响。克洛普给队员灌输了必胜的信念，也感染了球迷，看台上重新燃起赢的希望。受伤的萨拉赫坐在场边观赛，身穿一件黑色 T 恤，上面写着“永不放弃”，完美诠释了现场的气氛。

萨拉赫的 T 恤上写着“永不放弃”，克洛普将这种信念传递给全队。

利物浦开局很顺。第7分钟，顶替菲尔米诺首发的奥里吉近距离扫射破门，打蒙巴萨，点燃了逆转的导火索。克洛普很克制，转身看向主看台，紧握拳头，脸上带着胸有成竹的表情。突然之间，那些认为利物浦逆转无望的人就得好好“再想想”了。

早早破门非常关键，利物浦全队的士气更加高涨。球迷早就下定决心无条件支持球队，奥里吉这球一进，他们的欢呼声更是响彻云霄。

上半场结束后，比分仍是1比0，罗伯逊还因伤退场。中场休息时，克洛普又说了“相信”这个神奇的词，并反复跟队员强调别着急。他说什么时候进球并不重要，只要球能进就行。

塞翁失马，焉知非福，维纳尔杜姆顶替罗伯逊出场，将发挥重要作用。下半场第9分钟，阿诺德右路低平球传中，维纳尔杜姆中路包抄将球打进，总比分变为2比3。现场沸腾了，利物浦信心倍增，巴萨紧张起来。

两分钟后，利物浦如法炮制，再进一球，KOP看台上方的顶棚几乎被掀翻。这一次，沙奇里从左路起球传中，维纳尔杜姆高高跃起，力压防守球员，侧身甩头将球狠狠砸入球门死角。比赛还有半个多小时才结束，而利物浦已经创造了奇迹。

不过，当晚并非没有令人心跳加速的时刻，巴萨只要进一球，局面就会完全不一样。阿利松身穿浅灰色门将服，再次展现出世界级水准，一次次让巴萨众星无功而返。

开场时，每个利物浦人应该都想全力把比赛拖入加时或点球大战。双方回到同一起跑线后，反倒是巴萨祈祷终场哨音赶紧响起，趁机喘口气。比赛还剩11分钟时，利物浦依然没有放松。

利物浦在前场右侧赢得一个角球。阿诺德看到禁区里的奥里吉无人盯防，立刻选择快发。接下来发生的事情就是奇迹。巴萨球员松懈了，毫无防备，奥里吉冲到门前，一蹴而就，帮助球队完成最神奇的逆转。

克洛普说这个球进得“非常聪明”，但也承认一切发生得太快，自己没看清开角球和进球的人分别是谁。

全场一片欢腾，克洛普激动不已。终场哨响后，他在接受电视记者采访时不再克制，大声吼道：“这些小伙子都是巨人，我们整场的比赛表现和整个过程实在是太精彩了，太过瘾了。

“对手可能是世界上最好的球队，你非但不能丢球，还得多进球……我

利物浦神奇地逆转晋级决赛，队长亨德森
和中场球员法比尼奥一起庆祝。

克洛普拥抱快发角球的功臣阿诺德。

不知道我们怎么做到的，我不知道小伙子怎么做到的，太不可思议了。

“这个夜晚太特别了，太特别了。战胜巴萨当然是世界足坛最困难的事情之一。我们知道利物浦是气氛、情感、欲望和足球实力的结合体，我们知道少了其中任何一项都不行，这话我以前就说过。如果让我来形容利物浦，利物浦就像一颗大心脏，今晚它显然在疯狂跳动。你可以听到心跳的声音，也许全世界都能感觉到它的跳动。”

即使是最资深的球迷，也不敢相信刚刚发生的一切。安菲尔德球场见证过许多史诗般的欧战之夜，而这一夜过后，这里又多了一段将被世人传颂的故事。“我这辈子看了太多足球比赛，像这样的比赛还真不多，我会永远记住。”克洛普说。有这种想法的不只他一个人。

安菲尔德球场仍在疯狂庆祝，KOP 看台上又响起《你永远不会独行》，克洛普带着全体球员和工作人员站成一排，手舞足蹈，齐声高歌——这一幕也将载入史册。我们不禁想起 2015 年对阵西布朗的那个下午，那天过后，利物浦走过了一条漫漫长路。

当一切平静下来后，克洛普意识到，自己又要为欧冠决赛做准备了。“我很高兴能给球迷带来这种体验，我真的很高兴我们有机会再冲一次。”

在克洛普带领下，利物浦证明了一切皆有可能。

克洛普送给利物浦最大的礼物就是信念。他让俱乐部上下团结起来，包括球员、工作人员和球迷，他还给俱乐部注入一种精神力量，我们相信只要大家心往一处想，劲往一处使，一切皆有可能。与巴萨的欧冠半决赛就完美体现了这一点，3 球落后，还能翻盘，除了他，没人能带我们做成这样的事。他做得最好的一点就是给球员灌输了信心，他赛前准备会动员做得太好了。他讲完话之后，我们走出房间，感觉自己斗志昂扬。他让我们相信奇迹是可以发生的，这支球队绝对有能力反败为胜。那天他对我们说的话，我永生难忘。

乔丹·亨德森

2011 年至 2023 年效力于利物浦

欧洲之巅

2019年6月1日，欧冠决赛，利物浦VS托特纳姆热刺

克洛普和利物浦球员距离创造伟业、建不朽之功只剩一步之遥。有幸成为欧洲冠军的球队，注定会被世人铭记，而利物浦只需再赢下一场比赛，就能登上欧冠之巅。

克洛普并非第一次走到这一步。2013年和2018年，他分别率领多特蒙德和利物浦闯入欧冠决赛，但两次都功亏一篑。俗话说“事不过三”，克洛普的压力非常大。这是他作为利物浦主帅带队打进的第4场杯赛决赛，此前的3场，他都没能带走冠军奖杯。

利物浦前几次兵败决赛都情有可原。每次失利后，球队都可以安慰自己：进步需要过程，光明就在前方。

而这一次，利物浦没有任何借口。经过克洛普4年的调教，这支球队该出成绩了，克洛普和所有人都清楚这一点。“我可以写一本半决赛如何赢球的书，但应该没人会买，”他调侃道，“我明白我们必须拿冠军。我们非常希望大家不要总问这个问题，夺冠对我们球队的发展也很重要。”

赛季的成败也在此一举，因为在英超争冠大战中，利物浦以1分之差惜败给曼城。一支球队的承受力是有限的，联赛丢冠后，不敢想象欧冠决赛输球的后果。

托特纳姆热刺是来自北伦敦的老对手，在欧冠半决赛中淘汰了阿贾克斯。利物浦首次在欧战决赛中对阵英格兰球队，但这丝毫不影响比赛的观赏性。

“大耳朵杯”已经连续14年没有刻上字母“LFC”，对5届欧冠冠军得主利物浦来说，14年未免太长了。克洛普想加入鲍勃·佩斯利（在1977年、1978年和1981年带队夺得欧冠冠军）、乔·费根（1984年带队夺得欧冠冠军）和贝尼特斯（2005年带队夺得欧冠冠军）的行列。

这场利物浦人期盼已久的命运之战，在马德里大都会球场举行。无数“红军”球迷涌入西班牙首都，把这座城市变成红色的海洋，每个人都期待着见证历史，都想尽情享受这场比赛。

从英超联赛结束到欧冠决赛打开，中间隔了三周，克洛普先给球员放了

萨拉赫冷静罚中点球，为利物浦早早取得领先优势。

几天假。

然后，他带着全队去马贝拉集训一周，给球员临战减压，并让他们提前适应可能在马德里遇上的高温天气。

接着，利物浦回到梅尔伍德，按精心编制的计划又备战 5 天。很快，6 月 1 日就到了，克洛普和球队准备就绪，即将参加此生最重要的一场比赛。

傍晚时分，太阳还没从看台后方落下，一些球迷还在找座位，比赛开始了。利物浦和热刺对彼此很熟悉，赛前外界预计双方将打得难解难分，但开场仅 22 秒就出现了戏剧性的一幕。马内禁区内起脚传中，球打在穆萨 · 西索科的手上，斯洛文尼亚主裁判立即指向点球点。

这次判罚引发了激烈的争论。热刺球员提出抗议，并要求视频助理裁判介入。比赛中断了好一会儿，现场气氛愈发紧张。幸运的是，利物浦首席点球手萨拉赫心态沉稳，不受外界干扰。1 分钟后，他不慌不忙地走上点球点，自信地拔脚怒射，热刺门将洛里斯扑对了方向，仍难阻失分。

上一次欧冠决赛出现如此戏剧性的开局，还要追溯到 2005 年。那天，AC 米兰开场仅 1 分钟就攻破利物浦球门。不过，伊斯坦布尔之夜的神迹没有在马德里重现。丢球早意味着有足够的时间追平比分，但热刺最初的战术布置被打乱了，这对利物浦很有利。克洛普指示球员集中精力，保持专注。接下来，落后一方必须主动进攻，领先一方要懂得控制节奏——用克洛普的

奥里吉左脚劲射破门，为利物浦锁定队史第 6 个欧冠冠军。

话说，就是“不冒险，不犯错”。

双方都未能创造出来太多得分机会，但如果没有“金手套”阿利松，胜负的天平可能也会摇摆。利物浦的领先优势很微弱，每个人的神经都紧绷着。但随着时间的推移，热刺球员越来越沮丧，越来越疲惫。

利物浦反倒更有活力了，最终在第 87 分钟锁定胜局。马蒂普在对方禁区内传球给替补出场的奥里吉，半决赛的英雄用右脚停球并稍做调整，然后顺势起左脚将球射入球门远端底角。

球门后方看台上的利物浦球迷欣喜若狂。在克洛普的带领下，利物浦足球俱乐部第 6 次征服欧洲。

终场哨声响后，克洛普第一时间安慰了对手主帅波切蒂诺。“我比世界上任何人都更了解热刺此刻的感受。本赛季他们表现也很出色，但今晚我们在正确的时间进球了。”克洛普解释道。

随后，克洛普抬头望向看台，找到了亲友所在的位置，向他们挥手并献上飞吻。他如释重负，沉浸在幸福之中，也难掩激动之情。“你们以前见过这样的球队吗？我为小伙子们，为所有人，为我的家人感到开心。他们为我受苦了，他们比任何人都更值得我这么做。决赛只看结果，今晚小伙子们拿出了应有的韧性。我们赢了，我不想解释为什么会赢，我只想享受胜利。”

亨德森邀请克洛普一同捧杯，主教练婉拒了队长的好意，退到镜头之外，自豪地看着弟子们展示战利品。他认为这是属于球员的时刻，他非常乐意让他们站在舞台中央。“摸不摸奖杯对我来说并不重要。我就想看到小伙子们捧杯，看看人群里熟悉的面孔，对我来说这就足够啦。”

为了感谢全队的努力，克洛普依次走到每个人面前，送上标志性的“克式熊抱”。他说：“队员们在场上都哭了，真的太激动了，这个冠军对我们非常重要。”球员们也深知，没有克洛普，利物浦不可能问鼎欧冠。他们先是合力把主教练抛向空中，接着又抬起他走向看台，那里的“红军”球迷早就等不及向他致谢。

克洛普兑现了 4 年内带队夺冠的承诺。为了这一刻，利物浦人付出了太多热血、汗水和泪水，但捧起这座最有分量的奖杯后，一切都值了。“这个赛季太紧张了，这也是我能想象到的最好的结局，这是我们职业生涯中最美好的夜晚。”克洛普感慨道。

克洛普捧着啤酒杯出席赛后新闻发布会，盛大的庆功派对才刚刚开始。“感谢现场观众，感谢全球各地的观众。他们与我们同在，大家都在疯狂庆祝，”他说，“我们会一起庆祝，一起度过一个激动人心的夜晚。”

这次夺冠是利物浦俱乐部的重要里程碑，也是克洛普个人的重要时刻。双方上一次拿奖杯都是在 7 年前，经过 4 年的合作，克洛普和利物浦一起取得成功，而主教练对未来更是充满信心。“我真的很高兴，我有很多银牌，现在我拿了一块金牌。现在利物浦出成绩了，我们会继续进步，我们肯定要拿更多的荣誉。这只是个开始。”

欧冠六冠王利物浦成为欧洲顶级豪门。在欧冠历史上，只有两家俱乐部的夺冠次数多于利物浦，克洛普和他的球员们是实至名归的传奇。

我的欧冠决赛经验确实不够丰富，但能与克洛普和他的球队交手，不管从战术角度还是从临场表现来看，这都是一件令人愉快的事。与他过招确实挺有难度的……你跟他站在一起，在他身边，就感觉到他这人很特别。我们都想赢，但最后你必须尊重对手。有时你赢了比赛，情绪控制不住，很容易冒犯对手。但他一如既往地有风度，很尊重我们，这一点我非常佩服。他是条汉子，是个好教练，是个非常好的人。我一直觉得，他能把自己的性格传递给球队。前几年他一直在改造利物浦，后来，他们多次闯进决赛，冲击奖杯。他在利物浦取得的成绩真是了不起。

毛里西奥·波切蒂诺

2014年至2019年任托特纳姆热刺主教练

Standard Chartered
L.F.C.

利物浦是冠军！克洛普抱起欧洲俱乐部赛事中最令人垂涎的奖杯。

大巴巡游

2019年6月2日，利物浦夺冠巡游

当天有75万人到场向2018/2019赛季欧冠冠军致敬。

利物浦市历来喜欢热闹，利物浦人当然知道如何欢度好时光。不过，自2005年默西河为“大耳朵杯”染成红白色以来，利物鸟*还从未见证过如此盛大的庆祝活动。

从奥里吉在马德里进球那一刻起，所有利物浦人都沉浸在兴奋之中。没人睡得着觉，克洛普也一样。欧冠决赛结束后，主教练承认自己等不及参加第二天的夺冠游行。“明天可以回利物浦庆祝了，这真是件大事，我非常期待。”

6月2日下午，利物浦乘坐的飞机降落在约翰·列侬机场，经过了一夜的狂欢，每个人都双眼发红，声音嘶哑，但大家的精神依然非常亢奋。机场准备了水门仪式，欢迎新科欧冠冠军凯旋，通常情况下，只有外国贵宾和退

* 利物鸟是一种神话中的生物，是英国城市利物浦的象征，利物浦市中心的皇家利物大厦上有利物鸟雕像。——译者注

利物浦球员喜气洋洋，享受着夺冠的快乐。

伍军人才能享受这种礼遇。

随后，一台披红挂彩的大巴发动了，车身上印有“欧洲冠军”几个大字。利物浦全城的欢庆气氛达到顶点。

大巴从阿勒顿出发，一路穿过柴尔德沃尔、布罗德格林、西德比、图布鲁克和肯辛顿等远郊社区，驶向市中心的终点。无数球迷早就挤在道路两旁，抢占最佳位置。

人行道上人潮涌动，一眼望去全是红色。克洛普和球员们轮番展示那座如钻石般闪耀的奖杯，球迷们拼命爬上高处，只为一睹冠军的风采。

大巴车驶过某些路段时，你能在车顶尾部看到喜笑颜开的克洛普。他双腿悬在车外，手拿啤酒，反戴棒球帽，看起来非常开心。这样的景象令人赏心悦目，克洛普也被球迷的热情惊呆了。“真的太棒了，你看他们的眼睛，就能看出来这次夺冠的意义。这气氛太不可思议了，太狂热了。今天，太疯狂了！”

滨水区是这座城市的地标，也是人流最密集的区域。大巴行至此处时，

红雾弥漫，彩带飘落，烟花绽放，利物鸟骄傲地俯瞰着这史诗般的一幕。

这场庆典绝对是高规格，欧洲新王配得上这样的待遇，克洛普激动差点说不出话来。“我真的找不到词来形容，我哭了，大家太热情了，我有点承受不起。太棒了。”

据估计，当天约有 75 万人上街参加巡游，这也是这座城市历史上最盛大的凯旋仪式，甚至超过了 20 世纪 60 年代披头士乐队从美国返乡时的盛况。

在利物浦，克洛普确实创造了一些特别的东西，这天的夺冠巡游就是最好的证明。

夺冠巡游仪式上，克洛普和巴西双子星一起欣赏沿途的盛况。

他上任时，承诺要把质疑者变成信徒。他说到做到，而且做得比当初承诺的还多。数十年来，这家俱乐部崇拜那些给我们带回快乐和荣誉的主教练，我们在 KOP 看台上用旗帜和横幅来表彰他们的功绩。100 年后，克洛普的旗帜也会高高飘扬在这里，他在利物浦留下不可磨灭的印记，给球迷留下难忘的回忆。无论在默西塞德郡，还是其他地方，他的成就一定会被人永久铭记。2019 年，我们赢得欧冠冠军，我永远忘不了决赛后那天，我和他一起坐在大巴车上，我们穿过利物浦的街道，他自豪地向球迷展示奖杯，街上的男人们都泣不成声。那一刻，他可能比队史上其他主教练都更像我们中的一员，我很高兴克洛普曾属于利物浦阵营。

彼得 · 摩尔

2017 至 2020 年任利物浦俱乐部首席执行官

Standard Chartered
Premier League
L.F.C.

第 4 章

圆梦时刻

2019/2020 赛季

超级红军

2019 年 8 月 14 日，欧洲超级杯，利物浦 VS 切尔西

在一家为收集奖杯而生的俱乐部，你必须认真对待每一次争冠机会。幸运的是，克洛普正是这么想的，他对荣誉的追求永无止境。

新科欧冠冠军利物浦获得欧洲超级杯参赛资格，2019/2020 赛季开始后不久，克洛普率队奔赴伊斯坦布尔。

利物浦的对手也来自英格兰。利物浦夺得欧冠冠军前，切尔西击败阿森纳，问鼎欧联杯，同样获得欧洲超级杯参赛资格。日后，克洛普还会多次在杯赛决赛中和切尔西交手。

赛季伊始，利物浦就远征土耳其，在某些人看来，球队参加的只不过是一场徒有其名的友谊赛，有点像欧陆版社区盾。过去，利物浦曾三度捧起欧洲超级杯，但再添一座奖杯的机会摆在面前，克洛普的球队绝对不会掉以轻心。

此前从来没有德国教练赢得欧洲超级杯。克洛普承认，起初自己并未意识到这项赛事的重要性，但看到俱乐部训练基地冠军墙上的超级杯后，他心里就有数了。

新赛季来了，利物浦勇夺欧洲超级杯，又添新荣誉。

克洛普和教练组在伊斯坦布尔庆祝夺冠。

克洛普尽遣主力出战，只被迫对一个位置做出调整。阿利松 5 天前在英超首轮受伤，无缘此行，阿德里安成为首发门将。就在两周前，这名守门员还没找到工作。最后，利物浦签下自由身的阿德里安，给门将位置添了一名替补。没人想到他这么快就能为新东家披挂上阵，而阿德里安也牢牢把握住机会。

在贝西克塔斯公园球场，马内梅开二度，两队打得火星四溅，拼满 120 分钟后仍难分胜负，只能进入点球大战。2005 年，利物浦正是在伊斯坦布尔通过点球大战赢得欧冠冠军，门将杜德克在点球互射环节立下大功。这一次，阿德里安在最后一轮完成关键扑救，帮利物浦带走奖杯。

“他今天太厉害了，”克洛普赛后感叹道，“我们的目标就是夺冠，我们做到了。今晚的比赛非常激烈，赛前我不知道夺冠有多么爽，但现在我真的很开心，这座奖杯真的很重要。这冠军不是我拿的，而是利物浦俱乐部拿的，是为所有支持我们的人拿的。我能感受到这个冠军对大家有多重要，我非常开心。”

克洛普挂帅利物浦后，等了挺长时间才获得第一座冠军奖杯，这个过程有点像等公交车。这天过后，他已经两个冠军在手，他和球员们都已习惯了香槟的味道。

这场比赛为我疯狂的一周画上了句号，当时，我刚加盟没几天。主教练说他之所以签我，是看中我的经验和性格，我听完信心倍增。扑出点球，帮助球队赢得超级杯，这是一段美好的回忆。没有比这更好的剧本了，那是梦想成真的时刻，教练很信任我，我永远感激他。他改变了我的心态，我很快就发现，他的足球理念与球员非常契合，所以，他才能打造优秀的球队。除此之外，他的成功并没有真正的秘诀。他真的很普通，很有人情味，以后，不管在利物浦还是全世界，人们一定会记得他是个伟大的主教练。

阿德里安·圣米格尔

2019 年至 2024 年效力于利物浦

阿德里安在利物浦生涯首秀中挺身救主，帮助新东家击败切尔西。

永不言败

2019 年 11 月 2 日，英超联赛第 11 轮，阿斯顿维拉 VS 利物浦

一个不受欢迎的纪念日又要来了，克洛普决心结束这段尴尬的历史。到 2019/2020 赛季结束时，利物浦距离上次成为英格兰顶级联赛冠军正好 30 年。长期以来，一个绞索套在利物浦脖子上，一年比一年勒得紧。前后共有 7 任主教练试图卸去束缚，但都以失败告终。

罗伯逊出人意料地杀到后点，顶进绝平球。

克洛普率队夺得欧冠冠军后，已经确保了自己在队史上的地位。但是，这一代利物浦球迷忍受了30年的联赛冠军荒，还经历了数次功败垂成，所以他们更看重英超桂冠。

克洛普一心希望打破曼城的统治。2018/2019赛季，利物浦在联赛中拿到97分，刷新队史纪录，但仍落后曼城1分，屈居亚军。克洛普知道，想把两连冠的曼城拉下马，利物浦需要一个近乎完美的赛季。

2019/2020赛季开始后，利物浦在联赛中一鼓作气取得八连胜，领跑英超积分榜。但曼城把夺冠标准拉得太高，几乎没给其他球队容错空间。在如此压力下，利物浦全队都下定决心：就算某天不在最佳状态，上场后也要全力争胜。2019年11月的第一个周末，“红军”做客维拉公园球场。赛前，利物浦在联赛中仍未尝败绩，领先排名第二的球队6分。

阿斯顿维拉徘徊在积分榜下半区，外界都看好利物浦全取3分。但阿斯顿维拉却在上半场中段率先进球，并一直领先到最后时刻。

克洛普知道，以争冠球队的标准来看，这样的表现当然不够好。“这场比赛，我们也有精彩时刻，但门前把握性太差了，尤其是上半场。”利物浦若输掉这场比赛，很可能让前几个月的努力付之东流。

“碰上这样的日子，你只能做好战斗的准备。上半场结束后，我们意识到自己出错了，也做了调整。”克洛普说。第87分钟，形势依然非常危急，左后卫罗伯逊突然冲到后点，头球破门，扳平比分。这是他在“红军”生涯中打进的第3球，其重要性不言而喻。

“我不太相信我们场场都能赢，但我从不放弃。”克洛普说。

利物浦球员同样不会轻言放弃。伤停补时第4分钟，马内打进绝杀球，利物浦又一次神奇逆转取胜。克洛普很开心，但并没有得意忘形。“我们知道自己可以做得更好。”他坦言。

然而，一个不祥的警告已经发出。赢得丑陋常常被解读为潜在冠军的标志，这已经对对手造成了重大的心理打击。

中场休息时，我们落后一球。走进更衣室时，我很好奇主教练会说些什么。他在场边指挥的时候总是很激动，但中场休息时很少有过激行为，这次也不例外。他很沉得住气，讲得也言简意赅，就简单交代了几句。但随后他加重语气，说我们穿着白色客场球衣，踢完半场衣服上还是那么干净。他没直说，但我们都知道他不满意我们的表现。我们接受批评，下半场上去玩命踢，最终扭转了局面。他带队就是这种风格，能用一些很含蓄的话，激发出我们的最佳状态，类似的例子有很多。他在利物浦所做的一切，以及他所取得的成就，都将被载入史册，他会成为历史上最伟大的主教练之一。

安德鲁·罗伯逊

2017 年至今效力于利物浦

苏格兰边卫进球后飞奔庆祝。

正面对决

2019 年 11 月 10 日，英超联赛第 12 轮，利物浦 VS 曼城

在瓜迪奥拉的带领下，曼城夺得英超两连冠，有望成为英格兰足坛的霸主。克洛普没指望对手掉链子，双方之间的这场正面对决，是 2019/2020 赛季最关键的比赛之一。

曼城来安菲尔德球场之前，落后联赛领头羊利物浦 6 分。如果利物浦获胜，积分领先优势将扩大至 9 分，朝着夺冠目标迈出至关重要的一步。曼城如果取胜，就能把两队的分差缩小到 3 分，也会给利物浦制造很大的压力。

2018/2019 赛季，曼城力压利物浦，夺得英超冠军。但 2019 年 6 月，利物浦带着“大耳朵杯”回家，人们将羡慕的目光从伊蒂哈德球场投向安菲尔德球场。媒体给“克洛普对阵佩普”疯狂造势，而两位主帅的这次斗法果然没让人失望。

英超榜首两强激战安菲尔德球场，贝尔纳多 · 席尔瓦防守罗伯逊。

马内为利物浦打进第 3 球后，被克洛普一把抱住（左）。

利物浦锁定胜局，扩大积分领先优势，进球功臣马内被队友团团围住（右）。

开场之后，曼城先朝 KOP 看台方向进攻。第 5 分钟，他们示意利物浦在禁区犯规，申请点球，主裁判不予理会。利物浦迅速策动快攻，法比尼奥 20 米外起脚远射，轰开曼城球门，比分变为 1 比 0。曼城落入下风，几分钟后，利物浦再接再厉，萨拉赫头球破门，将比分改写为 2 比 0。

“想赢曼城，必须出其不意，我们一定要把强度拉起来。”克洛普解释道。队员按照他的要求，把快节奏保持到下半场。第 51 分钟，马内也斩获进球，球队 3 比 0 领先。突然间，利物浦好像回到了 2018 年欧冠 1/4 决赛。

当时，假如瓜迪奥拉不是光头，他一定会狂拽自己的头发。随后，曼城打进挽回颜面的一球，但已无法改变赛果。“这比赛真精彩，”克洛普赛后说，“最后 15 分钟，曼城慢慢控制局面，形势很紧张，但之后大家看到了我们的水平和能力。前 75 分钟，小伙子们踢得太棒了。”

利物浦获胜后，进一步拉开了和曼城的分差，也实现跨赛季联赛 29 场不败的壮举。利物浦上一次在英超输球，还是前一个赛季客场不敌曼城。“红军”球迷非常振奋，也开始相信：圆梦可能真的就在这个赛季。

克洛普很开心，但没有飘飘然，还尽力淡化这场大捷的重要性。“11 月的联赛第一名，谁想要呀？ 5 月排第一才厉害呢。”他说。

赛季只进行了三分之二，后面的赛程更加密集。然而，考虑利物浦的领先优势，英超冠军很快就会成为“红军”的囊中之物。

克洛普的球队帮助我们登峰造极，这是事实。他们是我们遇到过的最强对手，也是最难缠的对手。我说过很多次，如果你想评价我在这里的这些年，想评价曼城的这些年，那就绕不开利物浦。从他来利物浦的那一刻，我就知道他们会成为争冠球队，结果他们真成了我们最强劲的对手，远远甩开了其他球队。说实话，假如我还在踢球，我很想当他的球员。我非常钦佩他，也非常敬重他的为人。他的个性和魅力都是独一无二的，这是足球之幸。他改变了利物浦……他必须改变球员，改变心态和情绪。每个主教练都需要时间，利物浦给了他充足的时间，结果大家都能看到了。我个人认为，他是我在足坛最好的对手。

佩普·瓜迪奥拉

2016 年至今任曼城主教练

曼城主帅瓜迪奥拉在场边难掩失望之情。

菲尔米诺打进制胜球，帮助利物浦首夺世俱杯冠军。

世界之巅

2019 年 12 月 21 日，国际足联世俱杯决赛，利物浦 VS 弗拉门戈

长期以来，世俱杯曾以各种不同的形式出现，人们对这项赛事也褒贬不一。有人认为，世俱杯只是名字好听，并非正式赛事，而且占用了赛季中期宝贵的时间。还有人认为，世俱杯给了所有球队登上巅峰、扬名立万的舞台。在南美，世俱杯被视为最高荣誉；在欧洲，则不尽然。当然，无论外界怎么看待世俱杯，利物浦此前从未赢得这项冠军。

早年间，利物浦甚至不愿意参赛。后来，这项赛事的重要性慢慢得到认可，利物浦在 1981 年和 1984 年飞赴东京参加洲际杯（世俱杯前身），带着满身疲惫回家，感觉索然无味。2005 年，业界对世俱杯的重视程度大大提高，利物浦在世俱杯决赛中不敌圣保罗，令球迷大失所望。

利物浦在多哈夺冠后，克洛普和副队长米尔纳开起玩笑。

2019 年，世俱杯在卡塔尔举行，利物浦有了弥补遗憾的机会。克洛普对比赛时间很不满（正好在英超赛季中期），但做好了带队争冠的准备。“我们有资格参赛，队员们都想参加世俱杯，俱乐部上下都想参加。这就是我们来这里的原因，所以现在我们要上场好好表现。”

利物浦和弗拉门戈会师决赛。后者是巴西最大的豪门，曾让“红军”折戟 1981 年洲际杯，利物浦有一笔旧账要和他们算。而对菲尔米诺、阿利松和法比尼奥来说，在世俱杯对阵自己祖国的球队当然有着特殊的意义。

比赛日的赛前准备会上，克洛普强调了这座奖杯重要性，还提到了英国国内一些不和谐的声音，试图在队内营造负面心态。世俱杯与联赛杯 1/4 决赛撞车，克洛普带着主力球员远征多哈，留下青年队去客场挑战阿斯顿维拉，此举招致英格兰足球联赛官方的批评。

“弗拉门戈代表南美洲来到这里来，任务很明确，就是要拿冠军，回去当英雄。我们却被告知：‘要优先把国内的联赛杯踢好。’这待遇真是天差地别，我们也无力改变。是的，我们来之前是有压力。既然到了这里，我们就

巴西双子星亲吻世俱杯冠军奖杯。

要拿冠军。”克洛普说。

成为世界冠军的机会非常珍贵，两队在场上自然互不相让。加时赛第9分钟，菲尔米诺展现娴熟的技术，冷静射入制胜球，帮球队首夺世俱杯冠军。

欧洲冠军利物浦登上世界之巅，克洛普抑制不住内心的自豪和喜悦。“对俱乐部和所有与我们同在的人来说，这真是一个美妙的夜晚。太爽了，真的太爽了。我为小伙子们感到骄傲。他们一直在接受考验，而此刻，我们又通过了一次考验。”

比尔·香克利在世时，曾希望利物浦有朝一日能“征服世界”。克洛普带领的这支“红军”实现了香克利的夙愿，理应被载入史册。

巴西跟英国不一样，我们那边非常重视国际足联世俱杯冠军，英国人总觉得世俱杯影响国内赛事。阿利松、法比尼奥和我都知道弗拉门戈多么重视这场决赛，在卡塔尔的一堂训练课结束后，我们找克洛普聊了一下，和他说明了情况。他乐于倾听球员的心声，充分听取了我们的意见，和全队再三强调夺冠的重要性。然后大家的心态就完全不一样了，我后来也打进了制胜球，帮助利物浦首次捧杯，这永远都会是我在利物浦最美好的回忆之一。感谢克洛普，他从第一天起就信任我，这份恩情我一辈子都忘不了。

罗伯托·菲尔米诺

2015 年至 2023 年效力于利物浦

遥遥领先

2019 年 12 月 26 日，英超联赛第 19 轮，莱斯特城 VS 利物浦

一些所谓的专家称，克洛普的高速战车将在这个夜晚遇上减速带。此战之前，利物浦已经快 12 个月没在联赛中输球了，英格兰上下都热切地期盼利物浦输球。

英超领头羊在卡塔尔拿到世俱杯冠军 24 小时后，继续踏上联赛争冠征程，赴客场对阵莱斯特城。这应该是利物浦在那个赛季最困难的比赛之一。

利物浦在 1 个月内踢了 7 场比赛，又经历了将近 5000 千米的长途飞行，球员身心俱疲。当时，莱斯特城正好在英超积分榜上排名第二（落后利物浦 10 分），外界并不看好利物浦继续扩大领跑优势。

克洛普意识到队员们已到极限，急需休息。于是，他大胆地打破惯例，在赛前一晚没让全队到酒店集中，而是放所有人回家过圣诞节，享受家庭时光。

克洛普送给球队一份最好的礼物，球员们也用行动回报了他。比赛当天，

节礼日，“红军”大战“蓝狐”，戈麦斯和瓦尔迪在比赛中争夺球权。

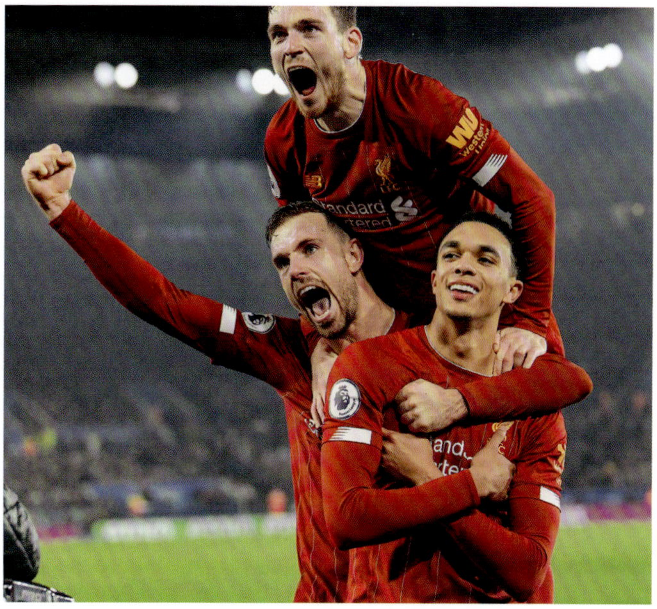

克洛普搂住菲尔米诺，祝贺他梅开二度（左）。

阿诺德打进利物浦的第 4 球后，与亨德森、罗伯逊一起庆祝（右）。

利物浦没有像外界预期的那样尽显疲态，反而精神焕发，活力四射，充满求胜欲。利物浦一开场就掌控主动权，踢出克洛普带队以来最好的客场表现。上半场，菲尔米诺打进一球，利物浦 1 比 0 领先，但比分完全反映不了一边倒的场上局势。

下半场，利物浦继续压制对手，进球也接二连三地到来。米尔纳、菲尔米诺和阿诺德在 7 分钟内连进 3 球，帮助球队取得 4 比 0 的大胜。

“我们就是需要这种表现，”克洛普说，“如果表现稍差，我们就会出问题。小伙子们今天全情投入了，这非常重要。我们很专注，几个进球也很漂亮。这场胜利对我们很重要。”

英超历史上，凡是在节礼日遥遥领先的半程冠军，最后从未让奖杯旁落。对手主帅罗杰斯坦言，自己的老东家可以“缓一缓”了。利物浦在联赛中还有 20 场比赛，但外界已经开始将利物浦视作冠军。

克洛普很职业，坚称俱乐部内部没人提过夺冠的事，甚至连想都没想过。“就是积分变了，现在我们领先 13 分。我们没觉得稳了，还是要竭尽全力，做好准备。积分并不重要。”

不过，对克洛普来说，这仍是一个收获满满的圣诞节。只要利物浦能保持领先，最好的礼物还在后面等着他。

利物浦 4 比 0 大胜莱斯特城，
亨德森在比赛中尝试远射。

不管前进道路上藏着什么障碍和陷阱，他好像总能预见到。我们从卡塔尔载誉而归，他由衷地祝贺我们成为世界冠军。客场打莱斯特城的比赛可能很困难，他意识到我们非常需要休息，调整了客场出行计划，让我们回家陪家人过圣诞节。这件事看似很小，其实意义重大。他信任我们，把我们当成年人对待，所以队友们都愿意为他拼尽全力。他是个好领导。对我来说，他绝不只是主教练那么简单。我从他身上学到了很多东西，除了家人，我想不出还有谁对我人生的影响比他大。

乔·戈麦斯

2015 年至今效力于利物浦

利物浦派出一群初出茅庐的小将，准备在足总杯迎战同城死敌。

克洛普的孩子们（1）

2020 年 1 月 5 日，足总杯第 3 轮，利物浦 VS 埃弗顿

克洛普历来敢于起用新人，但在足总杯第 3 轮主场对阵埃弗顿的比赛中，他选择的首发 11 人让球迷不免有些担忧。

很多主教练会在杯赛早期阶段轮休主力。克洛普上任之初，就曾在对阵普利茅斯一役刷新队史最年轻首发阵容纪录。但这场比赛是默西塞德郡德比，事关的不仅仅是晋级资格。

埃弗顿上次在安菲尔德球场赢球还要追溯到 1999 年，利物浦球迷希望

利物浦1比0获胜后，克洛普和年轻中卫菲利普斯喜笑颜开（左）。

内科·威廉姆斯带球摆脱埃弗顿后卫迪涅（右）。

继续保持对死敌的主场不败纪录。联赛争冠是头等大事，社区荣誉也同样重要。

然而，克洛普不想被这种情绪左右，认为必须在这场比赛中对人员进行轮换。

他的决定很冒险，可能适得其反。但克洛普充分相信球队的阵容深度。“如果你想成为一名利物浦球员，就必须尊重这家俱乐部的原则，”他说，“我们不可能场场都踢出世界最佳水平，但我们的战斗精神是无人能敌的。”

与此前一轮联赛相比，克洛普对首发阵容做出9处调整，只留下米尔纳和戈麦斯稳定军心。利物浦的首发11人中，有两名小将是初登职业赛场（还有1人在第10分钟替补出场，完成职业生涯首秀），还有4名球员此前总共踢过9场首发。这不是利物浦队史上最年轻的阵容，但肯定是默西塞德郡德比历史上最缺乏经验的阵容。

埃弗顿主帅安切洛蒂派出了手下的最强11人，效果却不尽如人意。“我们的场上队员经验并不丰富，其中几人都是第一次参加这种级别的比赛，但我看到他们表现得非常好。”克洛普赛后点评道。

开场后不久，老将米尔纳因伤退场，但利物浦青年军没被激烈的对抗吓

倒，从始至终都没掉链子。第 71 分钟，中场新星柯蒂斯 · 琼斯挺身而出，上演精彩的个人秀，为利物浦锁定胜局。

利物浦小伙儿琼斯梦想成真，在默西塞德郡德比中打进制胜球。

琼斯是利物浦本地人，出身“红军”青训，埃弗顿上次客场赢下德比战时，他还没出生。初生牛犊不怕虎。第 71 分钟，琼斯禁区前沿拿球，用右脚兜出一记漂亮的弧线，直挂球门死角。他紧追罗比 · 福勒的脚步，成为利物浦队史上第二年轻的德比进球队员。

“每个孩子踢得都很好，我无比自豪。这场比赛的每一秒，我看得都很开心。比赛很精彩，一个利物浦小伙儿打进世界波，你还想要什么？”克洛普赛后笑着说。

事实证明，克洛普的用人非常合理。经常有人说：这座城市最好的两支球队是利物浦一线队和预备队。此战过后，这句话听起来一点都不像开玩笑。

我就是利物浦人，从小就想参加（默西塞德郡）德比，如果没有克洛普教练，我可能永远都参加不了。我赛前生病了，但教练不喜欢软弱的人，所以我没和别人讲。后来我上场了，我很开心，这对我意义重大。那天晚上，他交代所有年轻球员："放开点，要敢拿球，别管德比什么的，正常踢就行。"我带着这样的心态上场，牢牢把握住机会。他架起一座桥梁，帮助我从梯队走到一线队，我一直把他当父亲看。无论场上场下，只要我遇到困难，他都会伸出援手。在我看来，他就是个完美的主教练。

柯蒂斯·琼斯

2019 年至今效力于利物浦

范戴克高高跃起，头槌攻破曼联球门，为利物浦取得领先优势。

现在你们相信了吧

2020 年 1 月 19 日，英超联赛第 23 轮，利物浦 VS 曼联

这天过后，利物浦人终于敢畅想登顶英超了，压抑了 30 年的情绪，伴随着一声怒吼得到释放。2019/2020 赛季大部分时间里，利物浦在联赛中遥遥领先，是最大的夺冠热门。但这天之前，“红军”阵营的所有人，特别是主教练克洛普，都没有做好打破宿命的心理准备。

赛前外界普遍认为，这个赛季还余下数轮联赛，而领头羊利物浦最有可能在这场“双红会”翻车。赛季前半段，利物浦在英超几乎保持全胜，只在做客老特拉福德球场时丢分。两队间的恩怨由来已久，再次见面，曼联也一定会拼尽全力阻击宿敌。

萨拉赫进球锁定胜局，利物浦以 16 分优势领跑英超积分榜。

克洛普和弟子们知道这场比赛的重要性。上半场，范戴克头球破门，利物浦 1 比 0 领先。此后，两队互有攻防，所有人的心一直悬在嗓子眼。下半场伤停补时阶段，阿利松大脚将球开到前场，萨拉赫带球朝着 KOP 看台方向单刀直入，用自己最擅长的方式锁定胜局。安菲尔德球场沸腾了，看台、场上和场边都乱作一团。

“如释重负，”克洛普赛后坦言，“小伙子们表现得非常好，为大家的梦想扛起了责任。我们占据了主动，尤其是上半场。队员在场上非常拼，最后时刻我们进了一个很漂亮的球，太爽了。”

萨拉赫进球后，有观众开始唱道：“现在你们信了吧，我们要拿联赛冠军了。”很快，歌声越来越整齐，越来越响亮，每个字都让人听得真真切切，现场的气氛达到高潮。

“他们可以这么唱，”克洛普边说边平复情绪，“他们唱什么我管不了，如果现在我们的球迷心情不好，那就太奇怪了。他们当然可以畅想一下(夺冠)

利物浦球迷相信联赛冠军已经唾手可得。

了，但我们暂时还不能和球迷一起庆祝。”

利物浦的夺冠只是时间问题，但克洛普一如既往地避谈这个话题。“我们就是来工作的，就这么简单。今天现场的氛围非常好，但我必须保持专注。每个人都可以庆祝，我们不行。”

利物浦满怀期待地出发，一路上饱受质疑，惴惴不安。球队终于翻过最后一座大山，终点线就在前方。战胜曼联后，利物浦在少赛 1 轮的情况下继续领跑英超积分榜，而且甩开第 2 名 16 分。

至少在球迷看来，联赛无冠的魔咒已被破除。只要后面不出现特别离谱的崩盘，克洛普的球队必将登上最高领奖台。

克洛普简直就是为当利物浦主教练而生的，他和利物浦太合拍了，这很少有人能做到。他不是买了一队超级巨星，而是打造了一支由超级巨星组成的球队。他让利物浦重新成为欧洲最强的俱乐部之一，但我很清楚英超冠军才是最重要的。之前我们很多年没拿联赛冠军了，他担子很重，压力非常大，但他组建起来的这支球队，就是要去完成这个任务的。2019/2020 赛季开始后没多久，利物浦就有冠军相了，主场战胜曼联是个非常重要的时刻，这场胜利打消了所有疑虑，坚定了我们的信念。这是利物浦队史上最强的一批球员，他们给新一代球迷带来了无数欢乐。克洛普取得了成功，不仅让球迷开心，还改变了大家的生活。

杰米·卡拉格

1996 年至 2013 年效力于利物浦

圆梦就在今夜

2020年6月25日，利物浦提前夺得英超冠军

只有这个晚上，蓝色成为利物浦的主色调，所有“红军”球迷都转而支持切尔西。利物浦不用上场比赛，只需再等待几小时，就有望时隔30年重夺英格兰顶级联赛冠军。所有人的目光都聚焦在斯坦福桥，切尔西若赢球，就会把英超冠军奖杯送到安菲尔德球场。

克洛普知道，这很可能是俱乐部历史上最重要的夜晚之一。于是，他把全体球员和教练员召集到市郊的福姆比霍尔高尔夫度假村，安排大家边吃烧烤，边喝啤酒，边看比赛直播，一起等待欢庆时刻的到来。

“我们觉得就得这么干，”克洛普回忆道，“这是会记一辈子的事情，如果夺冠了，我们必须在一起庆祝，不然还要打电话互道祝贺吗？那肯定不行呀。”

在这场比赛前的几个月里，世界发生了天翻地覆的变化。各行各业都按下暂停键，足坛也不例外。2020年3月底，英国正处于封控期，利物浦只需再拿3分，就能提前夺冠，得偿夙愿。

那段日子充满了不确定性，一度还出现赛季可能取消的说法，令人忧心忡忡。值得庆幸的是，后来，人们的生活在一定程度上恢复正常，英超的比赛也于2020年6月中旬复赛。

“封控期间，我一秒钟都没有想过夺冠的事，因为当时这一点都不重要，”克洛普说，“但后来有人在说赛季要取消，我就有点担心了，我心里的感觉就是：‘哇！’我浑身上下反应都很大，真的挺难接受的。我们肯定不希望最后是这样的结果，我们不想靠场均积分排第一。所以后来英超重新开打，我们真的很开心。”

观众暂别赛场，所有比赛都是空场进行，这种经历确实很奇怪。但利物浦一心要夺冠，也不想再等了。复赛后的首战，“红军”客场闷平埃弗顿。切尔西主场迎战曼城前一晚，克洛普带队在主场4比0击败水晶宫。

疫情前，利物浦曾短暂低迷过，2月底，客场爆冷不敌保级队沃特福德，遭遇赛季联赛首败。大胜水晶宫后，克洛普很开心，因为球队重新回到赢球

利物浦终于夺冠了！法比尼奥、菲尔米诺和阿德里安准备庆祝（下页）。

LFC
Standard Chartered
LFC
Standard Chartered
WU
Western Union

的轨道上。更令人欣喜的是，利物浦好像又找回赛季上半程气势如虹的状态，离最终登顶也只剩一步之遥。

“这场胜利对球员们非常重要，我觉得结果好得不能再好了，球员踢得就像现场坐满了观众一样。”克洛普赛后点评道，“场上的气氛太棒了，他们也打出了我所见过质量最高的高位逼抢。小伙子们状态很好，心态也很好。重要的是，我们证明了自己没松劲，我们不想等了。我非常高兴，也非常确定我们会好起来。”

能在场上夺冠固然很好，但考虑那年发生的事情，以及利物浦长达 30 年等待，夺冠的地点已经不重要。6 月下旬一个闷热的夜晚，安菲尔德球场郊外 20 千米处，克洛普带领全队聚集度假村庭院里，准备见证梦想成真的时刻。

“活动一开始，气氛挺轻松的，”克洛普回忆道，“当时还有另一场比赛，我们两场比赛都关注。我们吃着烧烤，然后切尔西和曼城的比赛开始了。切尔西先进球，大家都在庆祝，就像平常我看到我们队进球之后那样激动。”

普利西奇在第 36 分钟破门得分，平常总是安安静静的度假村变得热闹起来，但克洛普希望球员们别太激动，说：“我不太喜欢这样，还早呢，对

范戴克庆祝利物浦提前夺得 2019/2020 赛季英超冠军。

克洛普和他的队员自豪地展示着利物浦的冠军旗帜。

面可是曼城，我们为什么要这样庆祝呢？”

下半场第10分钟，德布劳内扳平比分，曼城渐渐起势，香槟又被放回冰桶。随着比赛的进行，气氛越来越紧张，每当切尔西进攻时，默西塞德郡的加油声也会变高。

切尔西一次射门后，对阵双方因球是否过线发生争论。主裁判判定球没进，但曼城似乎有人在禁区内手球了，视频助理裁判随即介入。阿利松看到这一幕后紧张到不行，感觉喘不过气来，于是起身离开。

两分钟后，主裁判指向了点球点，所有人都屏住呼吸。切尔西派出的罚球队员是威廉，他起步助攻，略做节奏变换，骗过门将，打球门上角得手。“点球进了……大家在庆祝……然后就倒计时，真的太开心了。”克洛普回忆道。

“比赛结束前10秒，我给家人拨通电话，说：‘好的，我爱你们，我现在把手机放桌子上，你们别挂，一会儿听听这边多么热闹。”

斯坦福桥球场终场哨响后，福姆比霍尔高尔夫度假村沸腾了。利物浦城里汽车喇叭声此起彼伏，夜空中迅速升起烟花。利物浦人仿佛听到新年钟声敲响，但这一刻的意义远比跨年重要，利物浦终于结束了长达30年的联赛冠军荒。

利物浦足球俱乐部成为2019/2020赛季的英超联赛冠军，而且是提前7轮夺冠，刷新了纪录。克洛普心潮澎湃，感慨道：“这绝对是我这辈子中最美好的足球时刻之一，太棒了。”

“在此之前，你根本想象不到夺冠的感觉。真的太开心了，也如释重负，我哭了。然后我想和乌拉（我妻子）说话，我让她听电话，但我说不出话来，我一直在哭。我不知道为何这样，我不知道为什么，我哭得停不下来。我这辈子从没这样哭过，我也不知道为什么。”

眼泪流干后，克洛普冷静了一小会儿，认真思考起这个历史时刻的意义。他成功了，而他之前的7位主教练都失败了。利物浦熬了30年，始终难以圆梦，有些球迷甚至担心自己再也看不到球队登顶英超了，克洛普结束了这段漫长而痛苦的等待。他跻身利物浦队史最佳主教练的行列，日后“红军”球迷会永远记得他，会满怀敬意地提起他的名字。更重要的是，他的球队用极具观赏性的打法，翻开了属于自己的历史新篇章。

“这个成就相当高，但我主要还是如释重负，”他说，“赛季停摆了3个月，我不知道复赛后我们能不能找回状态。英超没有哪场比赛是好打的……这是一个重要的时刻。说实话，我真的不知道该说点什么，我现在还是蒙的。我从没想到夺冠是这种感觉，我完全没想到。我为全体球员和教练组感到无比骄傲，自从我们来到这里的那天起，这就是一段奇妙的旅程。我还要感谢全体球迷，这个冠军是献给你们的，我们一起拿的，很开心。现在的一切都远超我当初的想象。”

接受完媒体采访后，克洛普终于可以好好庆祝一下了。他和球员们穿着印有“2019/2020赛季冠军”字样的红色主场球衣，载歌载舞，直到深夜。利物鸟重新飞上枝头，克洛普只剩一件事情要做。

时间来到次日凌晨，利物浦主教练还有最后一个电话要打。电话那头正是那个在20世纪90年代将利物浦拉下英格兰足坛王座的人。“喂……是亚历克斯爵士吗？”

前一天晚上，克洛普漏接了前曼联主帅的电话。因此，他决定在凌晨3点半，以新科英超冠军主帅的身份，给对方提供一次叫醒服务。

我觉得利物浦非常幸运，在正确的时间得到了克洛普。他是那种“错过了就会抱憾终身”的主教练。香克利用满腔热忱给利物浦打好基础，我认为克洛普身上也有香克利那种热情，另外，他很有性格，很有风度。他让利物浦变得无比团结，提高了球队的观赏性，也帮助球员建立起永不言败的决心。他们快30年没拿联赛冠军了，压力肯定很大，我在曼联也感受过同样的压力。我和他是朋友，所以我给他打了电话，也留了言，然后他在凌晨3点半给我回电话！他那天晚上玩得挺开心，跟我说谢谢你的留言。我猜他可能没看时间！太离谱了。不过我原谅他了，至少他回我电话了！

亚历克斯·弗格森爵士

1986年至2013年任曼联主教练

1990年，如果你说利物浦此后30年都拿不到联赛冠军，那一定会被人嘲笑。利物浦需要一个特别的人来带队结束冠军荒，克洛普就是那个特别的人。他来这里后就变成了利物浦人，和球迷心意相通。他很有正能量，从他到利物浦的那一刻起，球队追求的价值观在他身上都有体现。他上任后一直在朝这个目标努力，终于在那天实现梦想，他和球队得到了所有人的认可。那天晚上，我站在空荡荡的KOP看台上，感觉很不真实。不过，能够受邀给英超冠军球队颁奖，我深感荣幸。我记得克洛普比别人都激动，这是他应得的荣誉。他上任时我就说过："系好安全带，准备起飞。"我没说错吧。他带我们踏上一段精彩的旅程。谢谢你，克洛普。

肯尼·达格利什爵士

1985年至1991年，2011年至2012年
两次任利物浦俱乐部主教练

加冕仪式

2020 年 7 月 22 日，英超联赛第 37 轮，利物浦 VS 切尔西

2019/2020 赛季，利物浦打出优异的战绩，留下许多令人难忘的回忆。赛场外也发生了史无前例的事情，给利物浦的征途增添了戏剧性。这个无与伦比的赛季，终于迎来最后的高潮。很久以前，利物浦是英伦足坛无可争议的王者，经过 30 年的漫长等待，“红军”又夺回自己曾引以为傲的王座。而这天就是球队加冕的日子。

往年的 7 月下旬，球员们一般已经结束休假，归队参加季前训练。但 2020 年 7 月 22 日，利物浦还有赛季最后一场主场比赛要踢，球员和教练都很期待赛后的活动。“感觉有点像过圣诞节，”克洛普赛前说，“今天非常重要，是的，我们非常兴奋。”

比赛充其量只能算前菜。上半场，利物浦就 3 比 1 领先。下半场，切尔西发起反扑，一度将比分追近。不过，克洛普和球员们费尽千辛万苦才拿到冠军，绝不允许对手破坏夺冠庆典。最终，利物浦 5 比 3 取胜。

换到其他任何一天，这场进球大战都会引发热议。这一天，赛后的事情才是最重要的。

肯尼·达格利什爵士在英超冠军奖杯前向克洛普表示祝贺。

利物浦正式成为英超冠军，克洛普和教练组一起庆祝。

1990 年 5 月，阿兰·汉森在安菲尔德球场捧起老英甲联赛冠军奖杯。从那时起，每个球迷都翘首以盼，期待着球队再次成为英伦赛场的霸主。后来，没人想到利物浦会经历 30 年的联赛冠军荒，也没人想到利物浦会以这样的方式结束这段尴尬的历史。

仲夏时节，现场没有观众，工作人员在 KOP 看台上搭建了领奖台。朝思暮想的英超冠军奖杯终于出现在安菲尔德球场，奖杯把手上系着红白丝带，底座上刻着利物浦俱乐部的名称，这一幕真是让人心情舒畅。

球队传奇达格利什亲自为后辈们颁奖，利物浦上次夺得联赛冠军时，带队的主教练正是他。美中不足的是，球迷无法到场见证这个珍贵的时刻。不过，当亨德森高高举起那座承载着梦想的奖杯时，全队都激动到落泪，胜利的喜悦如潮水般涌来，冲刷掉过往的痛苦。

“我们真是为他们（球迷）拿冠军，”克洛普说，“现场只有我们在庆祝，但我们知道所有人都在家里和我们一起庆祝。这一刻意义重大，非常重大。和利物浦一起夺冠真的太爽了，身为利物浦主教练更是一份巨大的荣誉，我觉得自己纯粹就是运气好，但这（带队拿到英超冠军）也是我的责任。现在，大家都看到了，我没有压力了。”

夜已深，庆祝活动仍在继续，安菲尔德球场散发出耀眼的光芒。这场特殊的颁奖仪式，这个赛季发生的所有故事，都会被人永远铭记。

克洛普自豪地看着队员捧杯。

Standard Chartered
new balance
Standard Chartered
CHAMPIONS

经过 30 年的等待，利物浦再次成为英格兰顶级联赛冠军。

最佳教练（1）

克洛普荣膺 2019/2020 赛季最佳主教练

足球是一项团队运动，没人比克洛普更支持这个观点，他很少在意自己能不能拿奖。但 2019/2020 赛季，克洛普率领利物浦开创伟业，成为三冠王，他毫无争议地荣膺一项个人荣誉。

赛季末轮，利物浦客场击败纽卡斯尔，追平英超历史单队单季胜场数纪录（32 胜），给这段史诗般的征程画上句号。比赛结束 24 小时后，克洛普被英格兰足球联赛主教练协会评为年度最佳主教练，这个结果一点都意外。

从克洛普整个赛季的成绩来看，该奖项不可能颁给其他人，就连利物浦死敌的球迷也不会提出反对意见。球队包揽欧洲超级杯、世俱杯和英超冠军，主教练成为年度最佳教练，克洛普欣然接受了同行的认可。

“英格兰足球联赛主教练协会把我评选为年度最佳主教练，我非常开心。这个奖是以弗格森爵士的名字命名的，我非常敬重他。”克洛普说。

整个赛季，利物浦拿到破队史纪录的 99 分，领先亚军曼城 18 分。克洛普执教 5 个赛季，成绩斐然。他得到俱乐部上下的认可，深受球迷的爱戴，足以比肩利物浦队史上那些伟大的主教练。

“历史上有很多优秀教练拿过这个奖项，其中当然包括利物浦的比尔·香克利、鲍勃·佩斯利、乔·费根和肯尼·达格利什爵士，近些年还有布兰登·罗杰斯。能加入他们的行列，我深感荣幸。”克洛普说。

他还是和平常一样，不想独揽功劳，提醒人们关注那些帮他取得成功的无名英雄。“我是代表全体教练组来领奖的。我说过很多次，我当主教练还行，但我的成绩，都要感谢教练组。我们在一起，就有无穷的智慧，我喜欢与他们共事，这是我的荣幸。

“俱乐部有很多优秀的人，今年我们拿冠军靠的就是他们。我个人拿奖也要感谢他们，这我心里有数。我的队员们、同事们，我愿意拿这个奖，我很开心，这是我们一起拿的。谢谢你们，这是一个非常特别的赛季，最后我们又拿了一个非常特别的奖，再次谢谢你们。拿到这个奖，我深感荣幸。”

克洛普打电话邀请我重返利物浦，那一刻我终生难忘。他告诉我：“我们要一起征服世界。”当时我没想到他是认真的，2019/2020 赛季，我们做到了。此外，我们还拿到了梦寐以求的英超冠军。那个赛季，我们的成就不可限量，最后克洛普获得年度最佳主教练，他当之无愧。他开创了能够定义一个时代的打法，过去 20 年里，没几个教练能做到这一点。他是我的兄弟、朋友和导师，我们之间有很多美好的回忆。他常说：“你来的时候别人怎么说不重要，重要的是你走的时候人家怎么看你。”克洛普彻底改变了利物浦的形象，他就是当代香克利。

佩平·林德斯

2014 年至 2015 年任利物浦青训梯队教练
2015 年至 2017 年任利物浦精英发展教练、一线队教练
2018 年至 2024 年任利物浦助教

BARCLAYS
MANAGER
OF THE SEASON
JÜRGEN KLOPP
2019 / 2020

Emirates

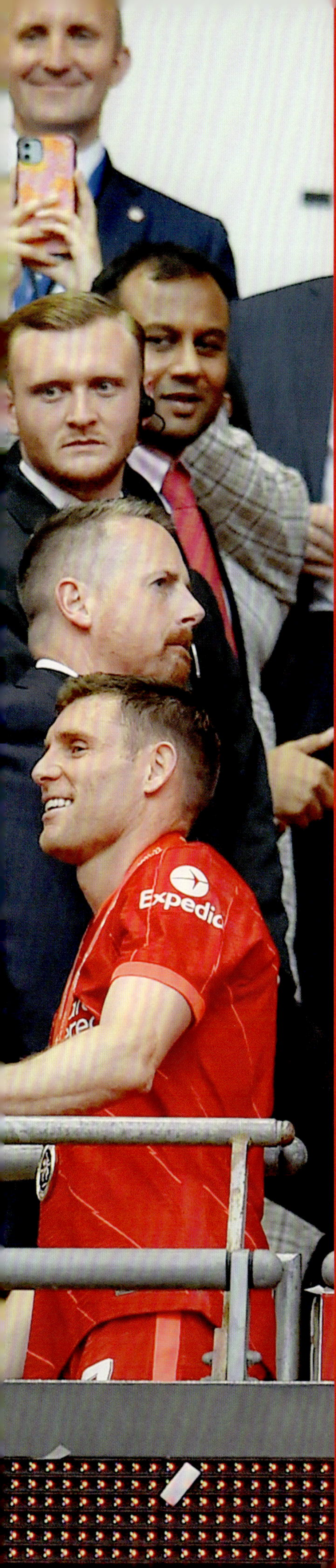

第 5 章

心态怪兽

2020 年至 2022 年

德比受挫

2020 年 10 月 17 日，英超联赛第 5 轮，埃弗顿 VS 利物浦

新赛季又来了，利物浦时隔 30 年再次夺得英超冠军，也成为众矢之的，每个对手都想扳倒我们，克洛普的球队遇上了新情况。

利物浦很快就找回赢球的感觉，在联赛首轮主场 4 比 3 战胜升班马利兹联，萨拉赫上演帽子戏法，点燃全队的斗志。随后，我们一鼓作气，再胜两场，拿下开季三连胜。那年夏天，利物浦从拜仁签下西班牙中场蒂亚戈，从狼队引进葡萄牙射手若塔，还招募了希腊后卫齐米卡斯。这三名强力新援的到来，进一步增加了阵容深度。

利物浦似乎是在警告对手：想和我们争冠绝非易事。然而，比赛仍需空场进行，足球比赛依然没有恢复正常。克洛普和球队很快就会感受到压力。

2020 年 10 月中旬，利物浦做客古迪逊公园球场，对阵同城死敌埃弗顿。此战之前，利物浦刚刚客场 2 比 7 惨败给阿斯顿维拉，状态堪忧。“红军”上一次单场被对手狂灌 7 球，还要追溯到 1963 年。

不过，球员们已准备在德比战触底反弹，重新证明自己，按照克洛普的要求全力逼抢和施压。开场仅 3 分钟，马内率先破门，下半场中段，萨拉赫也斩获进球。利物浦两度领先，但也两度被对手追平，最终只能接受 2 比 2 的结果。“我对球队的表现非常满意，这是我带队以来在客场踢得最好的一

亨德森在空荡荡的古迪逊公园球场头球攻门（左）。

克洛普给新援若塔面授机宜（右）。

马内开场仅 3 分钟就打破僵局。

范戴克受伤后接受检查，也将因伤缺席赛季剩余的所有比赛。

场比赛。”克洛普说。

主裁判在视频助理裁判协助下两次做出争议判罚，让利物浦没能拿到应得的胜利。全场伤停补时阶段，亨德森打进制胜球，视频助理裁判介入认定进球无效，克洛普非常恼火。更让他生气的是，范戴克上半场与皮克福德发生碰撞，膝盖严重受伤，这将直接影响后面的比赛。克洛普认为，当时皮克福德动作太大，应被红牌罚下，但视频助理裁判只是复核了范戴克是否越位。“维吉尔伤了，我们少了一名球员，视频助理裁判根本没管，另外（皮克福德）那应该是个红牌动作。还有我们那个进球是有效的，结果没算，”克洛普赛后生气地说，“我看到的画面里，那个球根本没越位，但有人就是觉得越位了。”

到手的 3 分变 1 分，克洛普很受打击。雪上加霜的是，利物浦还失去了后防统帅。范戴克伤到膝盖十字韧带，需要接受手术治疗，赛季报销。

之后的日子里，范戴克不缺病友。他的受伤引发多米诺骨牌效应，利物浦球员一个接一个地倒下，克洛普面临教练生涯中最严重的伤病潮。

谈到克洛普的执教水平，还有他在教练界的排名，他肯定能跟利物浦队史上的其他伟大教练并列第一档。他让利物浦重新跻身顶级强队行列，带队在国内外赛场都重返巅峰。我还记得，他在上任后的第一个赛季，就想好了如何推动俱乐部进步，有一整套清晰的计划。听完他讲话，我就感觉：“哇，这个主教练，这个人，绝对是超级巨星！”你看利物浦在他手下的转变，当初是什么样子，后来又是什么样子，现在他走了，他的成就太了不起了。他在这里拿到了成绩，当然也留有遗憾，但更重要的是，这段旅程让人很开心，他留在这里的都是传奇。

罗比·福勒

1993 年至 2001 年，2006 年至 2007 年
两次效力利物浦

伯恩利前锋阿什利·巴恩斯终结了利物浦的联赛主场不败纪录。

溃败

2021 年 1 月 21 日，英超联赛第 18 轮，利物浦 VS 伯恩利

曾经，无论在英格兰还是欧洲赛场，安菲尔德球场都算得上坚不可摧。2020/2021 赛季，这座堡垒失去往日的风采，克洛普的球队也不再所向披靡。

当然，利物浦状态低迷还有其他方面的原因。从范戴克膝盖受伤开始，球队的伤病名单越来越长，先后有 23 名球员在不同阶段因伤休战。

毫无疑问，连年的征战开始产生负面影响。长期以来，利物浦一直参加最高水平的赛事，球员们总是拼尽全力，必然会在某些时间点显露出疲态。

不过，空场比赛也是利物浦战绩不佳的重要原因之一。有句老话说得好，“没有球迷的足球什么都不是”。在利物浦人看来，这个赛季的大部分时间都是如此。

菲尔米诺未能摧垮伯恩利防线。

安菲尔德球场缺了观众，就少了独特的视听体验，主教练和球员就没了激情。有人会说，每座球场都不对外开放，所有球队都是一样的待遇。但是，安菲尔德球场的差异感尤为明显。此前，利物浦的“第 12 人”经常帮助球队渡过难关。

2021 年 1 月前，利物浦在联赛的主场比赛中已将近 4 年没输过，不败场次多达 68 场。空场比赛后的半年，“红军”也成功保持了这股势头。但这一天，克洛普的球队无比需要球迷的支持。

2020 年 12 月下旬，利物浦还高居积分榜首；而新年到来后，利物浦迅速跌入低谷，遭遇联赛 4 轮不胜，其中 3 场没有进球，全队上下越来越缺少自信。就在此时，利物浦迎来了伯恩利。赛前，没人想到他们能攻陷安菲尔德球场，但阿什利·巴恩斯在终场前 7 分钟罚进点球，为伯恩利拿下一场具有历史意义的胜利。克洛普非常痛苦。

这是 2017 年 4 月后，克洛普首次在主场吞下联赛败仗。“就像迎面挨了一记重拳，”他说，“我很难接受，不知道该说什么。”

利物浦主场意外输球后，克洛普失望之余仍不忘安慰球员。

利物浦在英超积分榜上跌至第4位，状态下滑明显。“我们输给伯恩利了，如果我还提什么争冠大战，那该有多么蠢呀？”克洛普补充道。

情况还会继续变糟。接下来的两个月，利物浦又莫名其妙地遭遇联赛主场五连败，争冠希望彻底破灭。

克洛普不喜欢找借口。如果他想找，可供选择的理由很多。但空荡荡的安菲尔德球场失去了灵魂，无法帮助主队走出困境。“没有球迷，一切都变得更加困难。”克洛普感叹道。

对我来说，为克洛普工作绝对是个宝贵的学习机会。从到他手下的第一天起，每一次谈话，每一次训练，都是一堂大师课。我们都知道他非常喜欢高位逼抢，在训练和实战为此投入了极大的热情。光是看着他就能让人热血沸腾，球员们愿意不停进攻，不停反击，这种投入程度真是独一份。助理教练一定要好好吸收，以此为基础形成自己的理念。克洛普一直都是这样工作的。他欢迎我加入利物浦，让我有机会与这些高水平球员共事，参加高水平的训练和比赛，我非常感激他。我参与了他的项目，我深感荣幸和自豪。这趟冒险令我终生难忘，能和他一起经历那些难忘的时刻，真的太棒了。

维托尔·马托斯

2019 年至 2024 年任利物浦精英发展教练

如有神助

2021 年 5 月 16 日，英超联赛第 36 轮，西布朗 VS 利物浦

2020/2021 赛季临近收官时，利物浦遇上克洛普时代最大的危机，必须背水一战。

这个赛季的种种经历令球队刻骨铭心。球迷一直无法回到球场，比赛毫无激情可言。伤病潮削弱了球队的实力，利物浦打出克洛普上任以来最差的战绩。

此前的 3 个赛季，利物浦在联赛中总共都没输过几场，而这个赛季，球队输了 9 场，令人意外，很早就卫冕无望。在各项杯赛中，利物浦也早早出局。

如此糟糕的状态会造成严重的后果。联赛第 36 轮开打前，利物浦在英超积分榜上排名第 5 位，很可能无缘下个赛季的欧冠联赛。对两个赛季前还是欧冠冠军的利物浦来说，这样的下滑过于突然。

出征山楂球场前，利物浦的战绩有了起色。但球队必须继续赢球，才有望进入积分榜前四。开场后不久，西布朗率先破门。第 33 分钟，萨拉赫扳平比分。此后，双方都未能进球，1 比 1 的比分保持到了伤停补时阶段。此战若只拿 1 分，克洛普的球队将直接退出争四大战。

比赛时间只剩下几秒，利物浦获得角球机会，阿利松孤注一掷，跑到对方腹地准备抢点。阿诺德从左侧角旗区将球吊入禁区，“红军”门将高高跃起，头槌破门，完成绝杀。这神奇的一幕令所有人看得目瞪口呆，也为利物浦保留了赛季最后一点希望。

“那场比赛就是那个赛季的缩影，”克洛普感叹道，“我们既要往死里拼，又要把进攻打好，最后还需要阿利松站出来解决问题。我之前真没看过这样的比赛，这个头球进得太不可思议了，那是什么技术呀。我对这个进球也有贡献，我没朝他喊‘回去’，我没管，看着他跑上去了。”

那年早些时候，阿利松的父亲不幸去世。巴西门神进球后非常激动，同样在那年初失去母亲的克洛普对此感同身受。“我和他关系很好，我很清楚这对他意味着什么。这个球进得非常棒，非常感人，”克洛普补充道，“足球就这么回事，但这对我们意义重大。”

阿利松创造历史，成为利物浦队史上首位在正式比赛中进球的门将。

利物浦如愿全取 3 分，依然掌握着争四主动权。最不可能进球的人进球了，阿利松创造了历史，成为利物浦队史上首位在正式比赛中破门得分的门将，而这个进球的重要性怎么强调都不为过。

Standard Chartered

66

我记得我第一次和他连视频，刚有画面就看到他笑了，我也笑了，我们感觉应该能聊得来。他在队内营造了非常舒服的氛围，但也会给我们施加必要的压力。客场打西布朗，我进球了，这个球多么重要呀。当时，我真的非常激动。这个进球真是意义非凡，我把这个球献给去世的父亲，也送给教练。那段时间，他和我一样，也挺难熬的。但在我最需要的时候，他依然抽出时间来开导我，我一辈子都忘不了。他真是个好人，也是个好教练，能和他一起取得这么多成就，我非常开心。

阿利松·贝克尔

2018 年至今效力于利物浦

LFC
Standard Chartered

不算太坏

2021 年 5 月 23 日，英超联赛第 38 轮，利物浦 VS 水晶宫

从很多方面来说，2020/2021 赛季都不堪回首。幸运的是，赛季最后一个周末，利物浦仍有机会完成救赎。

前几个赛季，利物浦都收获了冠军奖杯。2020/2021 赛季的形势异常严峻，“红军”将士在各条战线上一无所获，甚至差点没进联赛前四。球队在克洛普带领下习惯成为强者，很难接受这样的退步。

就在几个月前，球队的赛季似乎彻底没救了。但克洛普排除万难，成功带队触底反弹，重回英超争四集团。

阿利松头球绝杀西布朗后，利物浦在第 37 轮客场对阵伯恩利。年轻中卫菲利普斯发挥出色，利物浦 3 比 0 获胜，时隔 3 个月重返积分榜前四。

利物浦的状态来得正是时候，只需在赛季收官日主场击败水晶宫，就能稳进前四。“过去几周，过去几个月，挺好的，我们踢得挺好的，小伙子们很拼。因此，我们才能回到现在的位置。我们别把最后这场比赛看得太重，但我们知道，这场比赛确实挺重要。我们得拿出过硬的表现，才能打好重要的比赛。”

2020/2021 赛季英超末轮，水晶宫门将力阻菲尔米诺的射门（左）。

本场比赛，安菲尔德球场获准迎回 10000 名观众（右）。

马内梅开二度，帮助利物浦全取3分，冲进欧冠区。

克洛普在《比赛日指南》中写道。

这场关键战打响前，经有关部门确认，安菲尔德球场可以迎回10000名观众，利物浦士气大振。尽管上座人数只有正常情况下的1/5，但有了球迷到场支持，克洛普的球员们绝对不会掉链子。

维纳尔杜姆戴上队长袖标，最后一次为“红军”披挂上阵。马内在上下半场各进一球，拯救球队，2020/2021赛季没有成为利物浦队史上最平淡无奇的赛季。“非常好，”克洛普说，“都是小伙子的功劳，我不知道这几周是怎么熬过来的。我们就想要这种感觉、这种比赛和这种氛围，太棒了。”

整个赛季，利物浦没收获任何奖杯，这是2018年后首次出现这种情况。不过，克洛普对这个结果还算满意。“几周前，（前四）还遥不可及，几乎没希望了。最后我们一路拼杀，拿到第3名，这是多么宝贵的人生经历。五周时间，从一无所有到能踢欧冠，这成绩相当不错了。”克洛普说。

利物浦顶住重重困难，咬牙坚持到最后，还完成赛季前定下的最低目标。全队上下都松了一口气，即将重整旗鼓，踏上新的征程。

能为利物浦踢球，这本身就是一项了不起的成就。在我看来，能在利物浦为克洛普踢球，那是何等厉害。他是第一个看好我的主教练，我在他手下进步了。之前我必须向很多人证明自己，但我和他一直很有默契，2020/2021 赛季快结束时，他真正信任了我。当时，俱乐部要争夺欧冠参赛资格，压力非常大，克洛普不希望球员有任何压力。我们势头不错，最后一天只要赢球，就能稳进欧冠。结果我们真赢了，每个人都如释重负。能跟着克洛普，在他手下踢球，我非常荣幸，也非常骄傲。”

纳撒尼尔·菲利普斯

2020 年至今效力于利物浦

在利物浦争四过程中，菲利
普斯坐镇后防，稳如磐石。

五球大胜

2021 年 10 月 24 日，英超联赛第 9 轮，曼联 VS 利物浦

2021/2022 赛季，足坛全面恢复正常，球场又变回满座状态，利物浦也重启多线争冠模式。

克洛普的球队彻底摆脱霉运，赛季开始后在各项赛事中连续 16 场比赛不败。时光仿佛回到几年前，队里也多了几张新面孔，比如从 RB 莱比锡引进的中卫易卜拉希马 · 科纳特。

在球队蒸蒸日上的同时，利物浦球迷仍和往常一样，乐于看到老对手曼联落难。“红军”和“红魔”是英格兰足坛最大且最有底蕴的两家豪门，而 2021 年 10 月 24 日的这场“双红会”却呈现一边倒的局面。此战过后，两队之间的差距越来越大。对利物浦来说，与曼联的较量就像同城德比，事关的不仅仅是积分。大多数时候，德比的胜负不由对阵双方的状态决定。

这次是个例外。赛前几周，利物浦高歌猛进，信心十足；曼联每况愈下，完全没有争冠的实力。比赛日临近，“红魔”球迷忐忑不安，他们的担心是

凯塔打破僵局后，罗伯逊振臂欢呼。

有道理的。

利物浦状态火热，毫不留情，在斯特雷特福德看台前击溃曼联。克洛普的球队逼抢凶狠，反击迅猛，射门准度极高，曼联被彻底打蒙。开场仅13分钟，凯塔和若塔先后破门，利物浦2比0领先。半场结束前，萨拉赫火力全开，将比分改写为4比0。下半场开始后不久，埃及球星再进一球，成为英超历史上首位在梦剧场戴帽的非曼联球员，以及1936年后首位在“双红会”客场戴帽的利物浦球员。

第50分钟，比赛已无悬念，曼联在主场蒙羞。利物浦5比0领先，稳操胜券，创造历史，鸣金收兵。

绝大部分观众都提前退场了。终场哨响后，仍有少数曼联死忠球迷坚守在看台上，直面惨痛的失利，朝利物浦发出嘘声。但是，他们的声音太小了，很快就被利物浦球迷的笑声和歌声淹没。过往，梦剧场经常给我们留下痛苦的回忆。这一天，利物浦打出队史上最酣畅淋漓的“双红会”客场大捷，球迷们当然欣喜若狂。

即便是历史上伟大的“红军”，也从未在客场以如此大的比分击败“红魔”。这个下午让人永生难忘。

“我还能说什么呢？我赛前能预料到吗？没有，这比分太疯狂了，”克洛

萨拉赫把比分改写为3比0，此战成为“双红会”历史上的名局。

若塔破门得分后，接受米尔纳和菲尔米诺的祝贺。

普赛后对着摄像机镜头说，“今天真是个好日子，是个大日子，在俱乐部史册上要占一个小篇章。日后，人们肯定会谈起这场比赛，因为这种事情很难再来一次了，短期内是不会有了。”

克洛普的话只说对一半，这天确实是个大日子，但类似的事情很快就会再次发生。

他是个非常优秀的主教练，我刚到队里的时候，他真的很照顾我。我记得我们深度聊了一次，他和我讲了球队的战术打法。接下来，我就要证明自己能上场发挥作用，在他的帮助下，我做到了。我在第 2 个赛季进了很多球。我们在老特拉福德 5 比 0 大胜曼联，这当然是我们踢过最精彩的比赛之一。这要感谢教练，赛前，他帮我们上紧发条。一开场，我们就全情投入，寻找空间。赢球完全是水到渠成的事情，我们很快就进了两球，早早建立起优势。他要求我们继续进攻，我们的进球本来可以不止 5 球。我觉得，那场比赛的上半场，是我们在他手下踢得最好的一个半场。

迪奥戈·若塔

2020 年至今效力于利物浦

星耀欧洲

2021 年 12 月 7 日，欧冠小组赛第 6 轮，AC 米兰 VS 利物浦

历史上，两家豪门曾在重要的比赛中交手过，但 2021 年 12 月利物浦的圣西罗之旅并非无足轻重。球队需要抓住机会，证明自己仍是欧洲足坛的顶级劲旅。

2020/2021 赛季，利物浦在欧冠 1/4 决赛不敌皇马，遗憾出局。2021/2022 赛季，克洛普希望球队能重整旗鼓，在欧冠赛场走得更远。

不过，他首先需要带队从小组赛突围，避免阴沟翻船。前几个赛季，利物浦经常要战至小组赛末轮才能打进淘汰赛，偶尔也能轻松出线。2021/2022 赛季无疑属于第二种情况。

利物浦分在 B 组，同组对手有 AC 米兰、波尔图和马竞。AC 米兰和波尔图都曾多次夺得欧冠冠军，马竞更是实力不俗，在此前 8 年中两次杀入欧冠决赛，还在 2019/2020 赛季的欧冠 1/8 决赛中淘汰了利物浦。这个小组是典型的“死亡之组”。

萨拉赫在圣西罗球场进球，为利物浦扳平比分。

菲利普斯严防伊布拉希莫维奇（左）。

利物浦客场2比1击败AC米兰，萨内险些破门得分（右）。

克洛普承认，自己得知分组抽签结果后苦笑了一下。但他也胸有成竹，相信球队不会未战先怯。“欧冠联赛就是这样的，你必须与欧洲最强球队过招，而其中一些强队正好跟我们一组。”克洛普说。

媒体普遍认为，利物浦凶多吉少。但“红军”将士很快就用行动回击了外界的质疑，打消了球迷的顾虑。利物浦在小组赛首轮主场力克AC米兰，接着一鼓作气，对波尔图和马竞都实现主客场双杀。

利物浦用五连胜锁定小组头名，稳获晋级名额，末轮对阵AC米兰时已毫无压力。不过，对克洛普和球员们来说，这场比赛有另一层意义，不能敷衍了事。历史上，从没有英格兰俱乐部在欧冠小组赛六战全胜，克洛普希望由利物浦来开创先河。

人员轮换是不可避免的，但球队的首发阵容比外界预期的强。“我们已经出线了，阵容肯定要调整一下，但我们想赢。”克洛普说。AC米兰仍要力争出线，这场比赛并不好打。第29分钟，AC米兰先进一球。几分钟后，萨拉赫扳平比分。下半场始开始后不久，奥里吉进球，利物浦2比1领先。此后，双方都未能破门得分。

最终，利物浦以全胜战绩结束小组赛征程，领先B组排名第二的马竞11分。克洛普自豪地表示：“小伙子们表现太好了，我非常骄傲。这场比赛非常精彩，我们踢得非常好，我非常开心，尤其为第6场比赛感到开心。”

在克洛普带领下，利物浦再次踏上欧冠争冠之旅，即将创造更多历史。

无论他去哪里执教，你都能感觉到：“是啊，没错，这就是他的俱乐部，非常适合他，他们绝对是双向奔赴。”先落后，再爆冷逆转，开始不被人看好，最后总是能赢，这就是他最厉害的地方。他给俱乐部上下注入活力，他之前在德国就是这么干的。在利物浦，他征服了俱乐部、球队和球迷，这就是他的成绩。每次跟他交手时，你都能感觉到他自带光环，他给球队注入能量。他的球队从开场第 1 秒就玩命拼抢，一直拼到赛后全队回更衣室冲澡，这就是你要面对的对手。跟他过招真是既痛苦又开心，能激发出你全部的潜力，非常痛快。现在，我们之间的相互尊重更胜以往。

托马斯·图赫尔

2021 年至 2022 年任切尔西主教练

齐米卡斯在比赛中护球，利物浦又一次在欧洲赛场创造历史。

点球制胜

2022 年 2 月 27 日，联赛杯决赛，利物浦 VS 切尔西

正如克洛普后来所说，球迷之所以追随利物浦，不仅仅是为了冠军，更是为了夺冠的旅程。2021/2022 赛季进入后半段，利物浦球迷又体验了一段精彩的旅程。克洛普的球队在四条战线都有夺冠希望，并在一个熟悉的战线向赛季首冠发起冲击。

利物浦在温布利球场经历了很多辉煌时刻，“红军”球迷经常来这里看比赛，这座球场又被人称为“南方安菲尔德球场”。2022 年 2 月下旬，万千“红军”球迷再赴温布利球场，准备见证历史性时刻。此前，克洛普从未在这个圣地捧起奖杯。

利物浦在 2020/2021 赛季意外无缘冠军，克洛普希望球队找回收获奖杯的习惯。“我们都知道，现在人们对这支球队非常满意，”他说，“但如果从现在起我们一个冠军都不拿，那 20 年后人们就会说：‘他们挺强的，本来可以拿更多荣誉的。’所以我们得加把劲了，争取多拿几个冠军。”

2016 年，克洛普就曾带队来到温布利球场，参加联赛杯决赛，而那也是他在就任利物浦主帅后第一次受挫。接下来的 6 年，球队取得了长足的进步，参加了很多场杯赛决赛。

这一次，克洛普的对手是图赫尔和切尔西。2021/2022 赛季开始后，两队在联赛中已经交手了两次，均未分胜负。备战决赛的过程中，克洛普和教练组回看了之前两场平局的录像，备受鼓舞。克洛普私下说：“最重要的信息是，我们还可以做得更好。”

和往常一样，克洛普和教练组一起制订了战术计划，然后由教练员传达给队员。赛前一天的准备会上，克洛普没有发表长篇大论，只是提醒队员：自己在给“世界上最好的球队”做战前动员。比赛当天，现场气氛非常火爆，克洛普交代队员：“和平常一样，该怎么踢就怎么踢。”

这场决赛跌宕起伏，绝对堪称史诗级。两队从一开场就全力搏杀，让观众看得目不暇接。多名球员错失良机，两个门将屡献神扑，门柱一次次被击中，“进球”一个接一个被吹掉——马蒂普头球“破门”，视频助理裁判认定有人

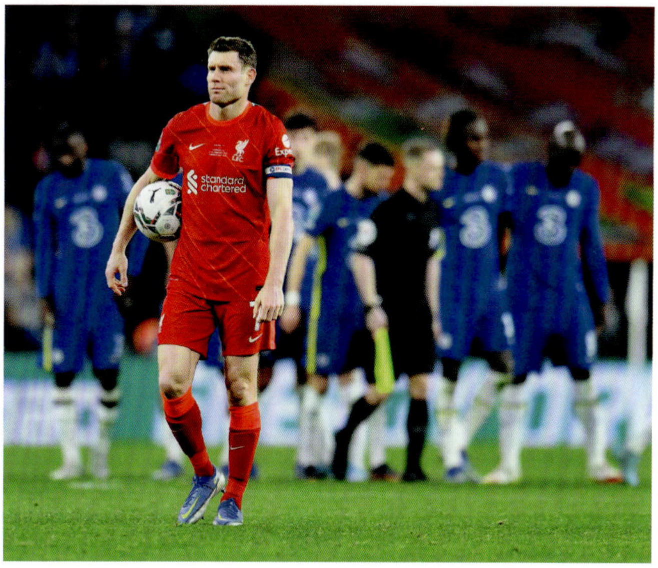

马蒂普头球“破门”，但视频助理裁判判定进球无效（左）。

两队进入点球大战，米尔纳准备第一个出场罚球（右）。

犯规在先；切尔西 3 次将球“打进”，主裁判 3 次示意无效。比赛节奏非常快，对抗强度几乎整场都没下降。

最不可思议的是，双方拼满 120 分钟，依然难分胜负，比分仍是 0 比 0。“就像两头雄狮在决斗，太疯狂了，最后场上每个人都精疲力竭。”克洛普说。利物浦和切尔西都已拼光子弹，只能通过点球大战决定奖杯归属，这未免有些残酷。而随后的点球大战也无比漫长和煎熬。

幸运的是，利物浦一直在为这样的紧张时刻做准备。夏训期间，克洛普邀请德国神经科学公司 neuro11 与俱乐部开展合作，在训练中运用技术手段分析球员的脑部活动，帮助他们调整主罚定位球时的心态。克洛普说这是“全新的体验，我们觉得很有意思”，其实际效果即将接受检验。

点球大战前 5 轮，米尔纳、法比尼奥、范戴克、阿诺德和萨拉赫无一失手，而切尔西也 5 罚 5 中。比赛进入“突然死亡”阶段。随后，若塔、奥里吉、罗伯逊、埃利奥特和科纳特稳稳罚中，切尔西的 5 名球员也没有失准。

第 11 轮，门将凯莱赫走上点球点。在联赛杯半决赛及之前几轮比赛中，他都曾上场为利物浦把守球门，克洛普信守诺言，在决赛中依然让凯莱赫首发。“在职业足球领域，我们还是要讲点人情味的，”克洛普说，“凯莱赫很年轻，各项赛事都有出场，我该怎么办？我是个职业教练，也是个有血有肉的人，今天我不会冷冰冰的，这上场机会是他应得的。”

克洛普没有信错人，年轻的爱尔兰门将在常规时间里发挥出色，最后更是决定了比赛胜负。“我认为阿利松是世界上最好的门将，如果你要我说实话，那凯莱赫就是世界上第二好的门将，特别是在我们的战术体系中。今天他发挥得太好了。”

凯莱赫罚进点球，利物浦11比10领先（左）。

决赛英雄向球迷展示奖杯（右）。

凯莱赫小时候踢过前锋，长大后也没丢掉射门功夫。他一蹴而就，让利物浦再次站到胜利边缘。紧接着，凯莱赫回到门线上，切尔西门将凯帕准备罚球，后者有“扑点专家”的美誉，在加时赛最后一刻才替补上场，但切尔西换人的意图并未实现。凯帕起脚射门，球从横梁上方飞过。比分定格在11比10，利物浦获得胜利。

“这是我看过最精彩的点球大战之一，能这么赢下来真是太爽了。我最开心的是，每个出场队员都上去踢了点球。”克洛普补充道。

利物浦再次在温布利球场捧杯，随后的庆祝活动也非常隆重。利物浦时隔10年再夺英格兰杯赛冠军，拿到队史第9个联赛杯冠军，成为该赛事历史上夺冠次数最多的俱乐部。利物浦找回收获奖杯的节奏，在克洛普反复提及的赛季“旅程”上又迈出重要一步。

“有些俱乐部的球迷经常被打上‘冠军猎手’的标签，”克洛普说，“利物浦不是这样的，我们不是‘冠军猎手’，而是‘旅程猎手’。我们更看重旅程，我们已经踏上了旅程。”

我在这里就跟过他一个主教练，当然，也是他给了我机会，把我和其他几名年轻球员从梯队提拔上来。说实话，他真是个好教练。他帮助我们成长，让我们充满信心，他给我的建议一直很简单。有些球员喜欢按自己的想法做赛前准备，他知道我就是这种类型的球员。2022 年，我第一次参加联赛杯决赛，赛前他简单说了一下希望我上场后怎么踢，然后就放手让我按照自己的方式做准备。正是因为有了他的信任，我才打出职业生涯中最重要的高光时刻。

奎文·凯莱赫

2019 年至今效力于利物浦

今天真高兴

2022 年 4 月 16 日，足总杯半决赛

2021/2022 赛季最后阶段，尽管克洛普不愿多谈这个话题，但利物浦确实有望创造历史，成为“四冠王”。四线争冠是对“克式红军”实力的终极考验，克洛普知道，若能完成这项壮举，球队肯定会信心高涨。

当时，利物浦已经夺得联赛杯冠军，单个赛季包揽四冠的机会就在眼前，这将是史无前例的成就。2022 年 4 月中旬，利物浦打进欧冠四强，在英超积分榜上排名第二，在足总杯半决赛遭遇劲敌曼城。4 月 10 日，利物浦刚刚在联赛中做客伊蒂哈德球场，和曼城打得难分难解，战成 2 比 2 平，两队的积分差距仅为 1 分。

英超双雄会师温布利球场，争夺英格兰足总杯决赛资格。利物浦对阵曼城，这样的对决本身就看点十足，自然引来媒体的关注，而这场半决赛也没有辜负各方的期待。

赛前，曼城更被人看好。克洛普依旧尊重对手，但没有怯战情绪。“我们非常尊重曼城，想赢他们挺难的。但有这些小伙子在，我们有机会。”他说。

此前，利物浦队内几乎没人参加过足总杯半决赛，主教练也不例外。比赛当天上午，克洛普告诉队员：“既要非常认真地对待这场比赛，也要保持平常心。我们打他们总是很来劲。”

从利物浦上半场的表现来看，“来劲”一词显然不够贴切。在温布利炙

克洛普开心地听着球迷为他献上的新歌（左）。

罗伯逊开出角球，科纳特头球打破僵局（右）。

马内在上半时连入两球，为利物浦扩大领先优势，球员激情庆祝。

热的阳光下，“红军”疯狂施压，完全占据主动，曼城毫无生气，溃不成军。

科纳特开场仅 9 分钟就头球破门，随后马内梅开二度，利物浦带着 3 比 0 的比分结束上半场比赛。“这是我们踢过最好的一个上半场，”克洛普赛后点评道，“我们每件事都做对了，在正确的时间进球了。我们表现非常出色，上半场的每一秒，我都非常满意。”

中场休息时，利物浦球迷聚集在温布利球场的大厅里，欢欣鼓舞，唱跳不停。伴随着披头士经典曲目 *I Feel Fine* 的旋律，他们高声唱起了在这个赛季才流行起来的全新助威歌。

下半场开始后不久，曼城扳回一球，大多数“红军”球迷还没回到看台上，仍在大厅里唱歌。伤停补时阶段，曼城又追回一球。场面略显紧张，好在比赛时间所剩无几。最终，利物浦有惊无险地赢下这场焦点战。

“非常自豪，太爽了，”克洛普赛后说，“我觉得曼城赛前就知道我们没那么好打，两队的大部分比赛都是这样的。但这次我们击败了世界上最强的球队，这场胜利太有意义了。”

克洛普重申不相信球队能成为“四冠王”。但足总杯半决赛结束后，利物浦球迷肯定更加庆幸克洛普属于“红军”阵营。

中卫科纳特在第 9 分钟打破僵局，利物浦势不可当，拿下值得纪念的胜利。

他为我做了很多事情。首先，他把我带到这家神奇的俱乐部，又帮助我成为今天这样的球员。我刚到利物浦时才 22 岁，这么年轻就签约利物浦，简直跟做梦一样。在克洛普手下的每一天，我的球技都有进步，但有时他也会批评我！我在利物浦的第一个赛季，最难忘的比赛是在温布利球场的足总杯半决赛，开场后不久，我就进球了，通过角球进的，克洛普和教练组在训练中带我们专门练过定位球。能在这么重要的比赛中进球，真的太不可思议了。赛后，克洛普非常开心，这个进球开了好头，我们拿下了这场胜利。

易卜拉希马·科纳特

2021 年至今效力于利物浦

阿利松在比赛中。

击沉黄色潜水艇

2022 年 5 月 3 日，欧冠半决赛次回合，比利亚雷亚尔 VS 利物浦

“克式红军”不喜欢做没有难度的事情，这里有个好例子——2021/2022 赛季欧冠半决赛次回合，利物浦带着首回合 2 比 0 的领先优势来到西班牙，本应轻松晋级，结果却莫名其妙地陷入苦战，差点就没能 5 年内第 3 次打进欧冠决赛。

赛季临近收官，看好利物浦四线夺冠的人越来越多。与此同时，赛程也越来越密集。欧冠半决赛首回合，利物浦坐镇主场，力克比利亚雷亚尔，一只脚迈进决赛门槛，次回合较量似乎变得无关紧要。不过，比利亚雷亚尔闯入四强前淘汰了尤文图斯和拜仁，不是一个会轻易缴械投降的对手。

克洛普要求队员忘掉首回合比赛，把总比分当成 0 比 0。“赛前，我告

利物浦客战比利亚雷亚尔，克洛普向范戴克下达战术指令。

诉小伙子们，我希望看到这样的新闻——‘心态怪兽来了’。我希望我们主动出击，而不是只想着守住胜果。”

然而，在袖珍又美丽的情歌球场，克洛普的球队挨了一记闷棍。上半场，瓢泼大雨下个不停，利物浦表现糟糕，晋级希望眼看就要破灭。比利亚雷亚尔开场仅 3 分钟就率先破门，并在半场结束前追平总比分。主裁判鸣哨结束上半场比赛后，利物浦球员长舒了一口气。

利物浦若想止住颓势，就需要替补出场的迪亚斯发挥作用，需要战术上的调整，还需要主教练激励全队。“现在，全世界都觉得比赛结局已定，唯一能改变局面的球队就是我们。别灰心，是时候了，出去证明给所有人看，我们有资格参加决赛。”克洛普激励球员。

2018/2019 赛季，克洛普给球队起了“心态怪兽”的外号。绝境之下，这头怪兽即将露出獠牙。下半场，利物浦的表现果然大有起色。第 62 分钟，法比尼奥将总比分改写为 3 比 2。此后，利物浦就一发而不可收。

迪亚斯先是射门中框，接着迅速冲到后点头球建功，进一步扩大领先优势，也缓解了球队的紧张情绪。随后，马内快马加鞭，单刀打空门得手，利物浦锁定胜局，成功晋级决赛。

“非常好，”克洛普说，“我们先给自己挖了个大坑，其实赛前就预计到这种情况了。人生哪能事事都顺意，关键看你遇上了困难怎么办。（一个赛季内）打进三项赛事的决赛真心不容易，今天之前也没人做到过，原因可能就在这里。但我们做到了，意义非凡。”

克洛普第 3 次率领利物浦杀入欧冠决赛，追平“红军”功勋主帅鲍勃·佩斯利的纪录。这也将是他第 4 次作为主教练参加欧冠决赛，此前只有里皮、弗格森爵士和安切洛蒂做到同样的事情。克洛普越来越像一个真正的传奇教练了。

迪亚斯替补上场，帮助利物浦扭转形势。

与比利亚雷亚尔的欧冠比赛，我替补出场，那一刻对我有非常特殊的意义。因为当时我们两球落后，我上去后证明教练用对人了。他安排我上场，让我做自己最擅长的事情。我们要搏命，要争取打进决赛，能上场帮助球队扭转局面，真的太棒了。我永远都感激他，是他让我能快乐地踢球，这对我非常重要。他对每个球员都是这样的，前提是我们能遵守他的战术布置和指令。我加盟利物浦，在这家伟大的俱乐部踢球，直到他离开，这段经历真的非常棒。

路易斯·迪亚斯

2022 年至今效力于利物浦

温布利是我们的福地

2022 年 5 月 14 日，足总杯决赛，利物浦 VS 切尔西

2022 年之前，克洛普在英格兰足总杯的表现一直不太好。多年来，这项足坛历史最悠久、最负盛名的杯赛，只会给利物浦主帅带来失望和烦恼。他曾因为派青年队参加足总杯而饱受批评，他上任后的前 6 个赛季，利物浦在足总杯中最远只走到过十六强，而且只有一次。

自克洛普挂帅以来，利物浦在各条战绩上都取得过佳绩，唯独在足总杯难以实现突破，这肯定不是因为主教练没有意愿。利物浦上次登顶足总杯还是在 2006 年，克洛普很清楚再次捧杯对俱乐部意味着什么。

“人们总说我不看重国内杯赛，不存在的，但之前我们确实没拿过足总杯冠军，”克洛普解释道，“开始阶段和其他赛事差不多，但我们在足总杯出局却比较早。”

2021/2022 赛季，利物浦具备了前所未有的阵容深度，在足总杯前几轮也没遇到太强的对手，一切似乎都很顺利。利物浦一路淘汰了什鲁斯伯里、加的夫城、诺维奇城和诺丁汉森林，在半决赛战胜曼城，成功闯进决赛。“今年跟往年不一样，”克洛普说，“真的很不一样，我们机会很好。”

当时，利物浦在各条战线上都高歌猛进，有机会拿下足总杯、英超和欧冠冠军。而在温布利球场等待利物浦的正是老冤家切尔西。这个赛季早些时候，“蓝军”在联赛杯决赛输了。他们渴望复仇，并粉碎利物浦的“四冠王”梦想。

面对职业生涯最忙碌的一个赛季（足总杯决赛是利物浦在这个赛季参加的第 60 场比赛），克洛普乐在其中。“作为利物浦的一员，我现在真的很开心，”他说，“去年和上赛季，除了我，没人相信我们能再创辉煌。我们还有很多事情要做，还有很多比赛要踢。”

足总杯决赛后，利物浦还有两场联赛关键战和一场欧冠决赛要踢。假如克洛普选择放弃足总杯，为后面的比赛留力，球迷肯定会理解他的决定。但克洛普没有这么做，而是把所有赛事看得同样重要。

“我们在联赛中争冠，还进了三项赛事的决赛，除了我们，历史上没有

2022 年足总杯赛前，双方首发球员在温布利球场列队。

其他球队做到这一点。现在，最关键的时刻来了，形势逼人，难度很大，但我们扛得住。走到这一步已经很棒了，现在还差最后一步，我们要抓住机会。”

当时，足总杯也是克洛普在英格兰足坛唯一没拿到的冠军。“我们是第一次参加足总杯决赛，但跟以前不一样了。现在，小伙子们真正准备好争夺最高荣誉了，足总杯就是一项最高荣誉。我们会拼尽全力，争取拿出最佳状态，把奖杯带回家。”

和联赛杯决赛一样，足总杯也打得紧张激烈，悬念迭起。两队都多次创造得分机会，萨拉赫和范戴克因伤提前退场，利物浦两度射中门框。120 分钟过后，比分再次定格在 0 比 0，比赛又进入点球大战。

前 4 轮，米尔纳、蒂亚戈、菲尔米诺和阿诺德稳稳罚中，切尔西罚丢 1 球。马内在第 5 轮出场，本有机会结束比赛，可惜他的射门被扑出。克洛普高举双手，显得非常遗憾。赛后，他主动揽责：“马内的点球没进，一半责任在我。我告诉他：‘守门员（门迪）了解你，所以你要踢另一边。’我这辈子说过很多不该说的话，这句就是其中之一。”

点球大战又进入“突然死亡”阶段，胜利天平似乎倒向切尔西。随后，若塔罚中点球，阿利松力阻芒特，一击制胜的重任落在齐米卡斯的肩上。这名球员自称“希腊利物浦人”，在加时赛才替补登场。他毫无惧色，骗过门将，将球踢进，温布利球场一片欢腾。

空中弥漫着红色烟雾，利物浦球迷又在看台上狂欢，克洛普冲进场内，

齐米卡斯手捧冠军奖杯，他在点球大战中罚中制胜一球，帮助利物浦第 8 次夺得足总杯冠军。

手舞足蹈，挨个拥抱球员和教练组成员。他生命中又多了一个特殊的日子。

“赛前，我们就看到了球迷对这场决赛的重视程度，我们的酒店位于市中心，球迷从今天早上就开始狂欢了，”克洛普说，“我为队员感到无比自豪，他们的努力还有拼搏精神让我很感动。他们非常优秀。这场比赛非常精彩，非常激烈，点球大战是真紧张。我指甲都快抠光了，我也真心为切尔西感到遗憾。这是今年的第 2 次了，拼了 120 分钟，最后他们还是没有拿到奖杯，这也说明双方差距很小，挺不容易的。但比赛必须有人赢，还好是我们赢了，所以我很开心。这个冠军对我们意义重大。”

利物浦时隔 16 年再夺足总杯冠军，第 8 次将足总杯奖杯带回安菲尔德球场。克洛普也完成英格兰国内赛事大满贯，成为利物浦队史上首位实现这项成就的主教练。

在我的足球生涯中，赢得足总杯冠军是最美好的回忆。这对我意义非凡，我感谢克洛普给了我机会。他以为我想在点球大战前几轮上去踢，但当他问我时，我说我想第 7 个上。我之所以这么选，是因为我刚上场没几分钟，他同意了。此外，前一天晚上我已经预想了点球大战，想好了怎么踢。我真的很有信心，坚持自己的选择，最后也进球了。赛后，我们没有多谈比赛，就是一起庆祝。他是最好的教练，能在他手下踢球是我的荣幸，他为我的生涯发展做了很多事情。能在温布利球场，用点球和奖杯来回报他，我非常开心。

康斯坦丁诺斯·齐米卡斯

2020 年至今效力于利物浦

队长亨德森在全队簇拥下捧起足总杯冠军奖杯。

只差一点

2022 年 5 月 22 日，英超联赛第 38 轮，利物浦 VS 狼队

俗话说得好，“希望越大，失望越大”。2021/2022 赛季英超末轮，“红军”阵营的所有人都痛苦体会到了这句话的真正含义。

利物浦在温布利夺得足总杯冠军后，又在联赛倒数第 2 轮战胜南安普顿，继续保持着争冠的势头。英超收官日，利物浦坐镇主场，迎战狼队，等待命运揭晓的时刻。

利物浦还剩两场比赛要踢，理论上确实有成为“四冠王”的可能性，球迷的胃口被吊得很高。

不过，从现实情况来看，第 3 个冠军并不好拿。英超第 38 轮开打前，曼城位列积分榜首，利物浦紧随其后，落后 1 分。我们只能全力击败狼队，并寄望“红军”传奇杰拉德率领阿斯顿维拉在客场阻击曼城。

克洛普和球员让球迷相信一切皆有可能，安菲尔德球场用最狂热的气氛，为手握两冠的主队加油助威。狼队开场后不久就率先破门，打击了球迷的热情，好在马内迅速做出回应，将两队拉回同一起跑线。半场结束前，伊蒂哈

马内在安菲尔德路看台前进球，扳平比分，为球队带来一线希望。

2021/2022 赛季的最后一个主场比赛日，KOP 看台上彩旗飘扬。

德球场传来好消息：阿斯顿维拉 1 比 0 领先曼城。下半场中段，“红军”旧将库蒂尼奥为阿斯顿维拉将比分改写为 2 比 0，安菲尔德球场陷入疯狂。

不过很快，曼城在 12 分内连进三球，完成逆转，让萨拉赫和罗伯逊随后的进球变得毫无意义。

梦想曾近在咫尺，最后却变得遥不可及。这天下午，主教练情绪低落。“我不知道那边的比赛到底什么情况，”克洛普反思道，“我不知道为什么，我们以为他们（阿斯顿维拉）又扳平了。这个过程太曲折了，说实话，我更希望曼城开场 10 分钟就 5 比 0 领先。”

“四冠王”的希望破灭了，但克洛普迅速调整心态，要求全队往好的方面想。“本赛季小伙子们表现非常好，联赛拿到 92 分相当了不起。这段旅程绝对非比寻常，这个赛季太紧张了。我从生活中学到了这个道理：只要你坚持到底，不断前进，就会得到回报。不一定在今天，但未来肯定会有回报的。”

利物浦已拼尽全力，仍然无法超越曼城。短短 4 年，我们两次在英超争冠大战中败给这个对手，但克洛普依旧很有风度地表示：“赛前我们就很清楚，（利物浦夺冠）必须同时满足很多条件。祝贺曼城、瓜迪奥拉还有曼城球员。我们只差一点，但差一点就是差一点。”

KOP 看台上的球迷举起一条横幅，上面写着“我们拿到了冠军”。2021/2022 赛季临近结束，利物浦已经赢得两座冠军奖杯，并且有望再拿 1 座。同时，这句话也提醒所有人：联赛丢冠令人失望，但这个赛季依然值得回味。

迪亚斯试图从狼队的奥托脚下抢夺球权。

我干这行这么多年，有幸遇到了一些优秀的主教练，克洛普当然是其中之一。你很清楚，他的球队绝对会全力以赴。他们就是球迷最想看的球队，战斗、奔跑，还能踢出高水平比赛。克洛普的利物浦做得非常好，他们的逼抢太凶了。这支球队对抗很强，速度很快，侵略性十足。他们总是把比赛节奏拉得非常快，让对手很难受。当然，他们的人员每年也有变化，但关键的核心阵容很稳定。回看克洛普在利物浦的这些年，他付出了一切，该拿的荣誉都拿了。在我看来，他绝对是利物浦队史上和英超历史上最伟大的主教练之一。

布兰登·罗杰斯

2012 年至 2015 年任利物浦主教练

2019 年至 2023 年任莱斯特城主教练

梦断巴黎

2022 年 5 月 28 日，欧冠决赛，利物浦 VS 皇马

有人浪漫地认为，利物浦将在春天的巴黎重温那段绵长的旧情，结束克洛普时代最辉煌的一个赛季。

1977 年，利物浦首次品尝到捧起欧洲冠军杯的快乐。2019 年，克洛普第一次成为欧冠冠军教练。2021/2022 赛季最后一天，他再次率队出征欧冠决赛，如果利物浦能第 7 次捧杯，“红军”阵营很快就会忘记联赛丢冠的痛。

每年的这个时候，一趟巴黎之旅，就能勾起利物浦人最美好的回忆。1981 年 5 月，阿兰·肯尼迪在巴黎王子公园球场射入制胜球，利物浦击败皇马，第 3 次问鼎欧洲冠军杯，队长菲尔·汤普森在巴黎的夜空下高举“大耳朵杯”。41 年过后，利物浦和皇马重逢在法国首都。

这场比赛之前，皇马已经 13 次夺得欧冠冠军，确实可以吹嘘自己与欧冠的不解之缘。早在 20 世纪 50 年代中期，他们就统治了刚刚创办的欧洲冠军杯。2018 年，皇马在基辅战胜利物浦，第 13 次登上欧冠冠军领奖台。

此前，两队在欧冠决赛中总共交手两次，各胜一场。这一次，利物浦和

利物浦在比赛大部分时间里都占据主动，但最后还是兵败巴黎。

利物浦在欧冠决赛负于皇马，克洛普安慰凯塔。

2022 年欧冠决赛，安切洛蒂让利物浦心碎。

皇马都渴望在恩怨开始的地方做个了结，法兰西大球场即将迎来一场经典对决。克洛普提醒队员：“我们肯定想弥补遗憾，但我们不能只想着这个。”

赛前，“红军”阵营兴奋不已，信心满满。然而，球场入口闸机处发生骚乱，数千名利物浦球迷无法入场，我方士气骤然低落。比赛被推迟 36 分钟开球，看台上的气氛更显低沉。

两队全场的射门数是 24 比 4，利物浦遥遥领先，但皇马门将库尔图瓦发挥神勇，高接低挡，力保球门不失。利物浦最好的得分机会出现在上半场，马内禁区内拔脚劲射，库尔图瓦飞身扑出，用指尖将球碰到立柱上。利物浦靠一口气撑到这个赛季的第 63 场比赛，已是强弩之末，终于在第 59 分钟露出致命破绽，维尼修斯抓住机会破门得分。皇马靠这个进球笑到最后，一个本来充满希望的赛季就此结束了，利物浦人倍感失望。

“他们进球了，我们没进，所以他们赢了。这就是足球场上最简单的道理，没办法，”克洛普赛后坦言，“我们在进攻端本来可以做得更好，我们很多方面确实做得非常好，我都看到了，但这还不够。这场比赛输了，我们认。我在更衣室里告诉小伙子，我心里满满都是自豪感。这个赛季，我们表现非常好，我们丢了两个冠军，都是只差一点点。”

无论场内场外，这个夜晚都足够扫兴。追求真爱的路从来不会一帆风顺，利物浦 2022 年的巴黎之旅无疑是一段让人痛彻心扉的经历。

两支球队交手很多次，2022 年欧冠决赛，我带的是皇马，这场比赛给我留下了美好的回忆。拿到欧冠冠军是职业生涯中最美好的事情。这种级别的比赛中，细节决定成败，我在欧冠对阵利物浦的战绩是相当好的。巴黎的比赛，克洛普的球队很难打，他们的逼抢很凶，我真的想不到哪支球队逼抢比他们还凶，所以最关键的是不能给他们的前锋留空间。那场比赛我们赢了，但从个性和球风来看，克洛普是最适合利物浦的主教练。在他执教的 9 年间，利物浦一直是顶级强队，踢得非常好，非常有观赏性，他的成绩有目共睹。他也非常有意思，很坦诚，我非常尊敬克洛普，也敬佩他的为人。

卡尔洛·安切洛蒂

2013 年至 2015 年，2021 年至今
两度任皇马主教练

英雄凯旋

2022 年 5 月 29 日，利物浦季末巡游

50 万人的决定不会有错。虽然利物浦没有成为“四冠王”，无缘创造历史，但球迷认为 2021/2022 赛季值得庆祝。克洛普和球队折戟欧冠决赛，败兴而归。不到 24 小时后，利物浦人民就在城里狂欢，时光仿佛回到 2019 年。

错失联赛冠军一周后，巴黎之行又添新伤。而这天的庆祝活动无异于一剂疗伤的良药，有人说“这就像一个利物浦式的熊抱”。

这个赛季，利物浦拿到联赛杯和足总杯冠军，但俱乐部内部有不少人认为，举办季末巡游的想法值得商榷，球迷可能不会捧场。部分球员害怕庆功会弄巧成拙，但事实证明他们的担心是多余的。

球迷夹道欢迎杯赛“双冠王”，克洛普受宠若惊。“看得出来所有事情都是提前安排好，之前我们肯定希望能有这样的待遇，太棒了。是的，我们刚刚丢掉两个冠军，但这些球迷没忘记（我们之前的成绩），也很清楚小伙子们付出了多少努力。”

世界著名 DJ、利物浦球迷卡尔文 · 哈里斯也到场助兴。他随球队登上敞篷大巴车，现场打碟，播放了包括非官方队歌 *One Kiss* 在内的多首热曲，为这令人振奋和难忘的 4 小时提供了完美的背景音乐。大巴车随着摇滚的节奏一路向前。

沿途的一幕幕让人不禁想起 3 年前克洛普率队从欧冠决赛凯旋的情景。

利物浦从巴黎归来后，DJ 卡尔文 · 哈里斯随队参加巡游并献艺（左）。

利物浦虽然输掉欧冠决赛，但回家后受到球迷的热烈欢迎（右）。

克洛普和助教林德斯展示联赛杯及足总杯冠军奖杯。

全城约有 50 万人涌上街头，热情的球迷占据了道路两旁的每个制高点，有些位置看起来非常危险。放眼望去，这座城市仿佛又被一张巨大的红毯盖住。

"我看到大家的目光后，心里真的很激动，"克洛普说，"你不用赢得冠军，只要拼尽全力，利物浦人就会爱你。我为队员感到骄傲，我也为这些球迷感到骄傲。昨天晚上，我们输掉了欧冠决赛，而利物浦人民却如此热情地欢迎我们回家，太棒了。利物浦是世界上最好的俱乐部，我不在乎别人怎么想。我没喝醉，我就是很激动。"

在这个漫长的赛季中，利物浦踢了 63 场比赛，经历了惊心动魄的联赛争冠大战，参加了 3 场杯赛决赛，捧回两座冠军奖杯。这一刻，所有人都可以好好放松一下。在克洛普的带领下，"旅程猎手"和"心态怪兽"给又一个非凡的赛季画上句号，并用出色的表现赢得球迷的认可。

克洛普带领的球队有个特点——强度高，利物浦做得最好。我记得我当利物浦主教练时，在季前热身赛中对阵他执教的美因茨，他们的比赛强度给我留下深刻的印象。他当教练这么多年，一直保持着这种战术风格，在安菲尔德球场将其提升到一个新高度。当年利物浦找他来当主教练，我就知道他们没选错人。你看他的性格就知道，他肯定能与利物浦球迷打成一片。他充满激情，所以球迷们喜欢他、尊重他，这一点都不让人意外。经过他的调教，利物浦慢慢找回竞争力，又能不停地拿冠军了。作为主教练，只要拿到奖杯就是很棒的成绩，而克洛普（在利物浦）拿了很多奖杯，他干得真的很出色。

拉斐尔·贝尼特斯

2004年至2010年任利物浦主教练

最佳教练（2）

克洛普获评 2019/2020 赛季英格兰足球联赛主教练协会最佳主教练、英超联赛最佳主教练

在伦敦格罗夫纳豪斯酒店的舞台上，一向自信满满的克洛普显得很局促。他少见地穿上了衬衫和黑色西装，还系着领带，整套行头都是当天早些时候买的，全场的目光都集中在他身上。

几分钟前，弗格森爵士宣布克洛普荣获英格兰足球联赛主教练协会 2022 年度最佳主教练。曼联传奇教练面带微笑，“咬牙切齿”地调侃道：“这太痛苦了。”同一天，克洛普还拿到英超年度最佳主教练奖，确实有理由好好庆祝一下。

2020 年，克洛普也被英格兰足球联赛主教练协会评选为年度最佳主教练。当时，他只能在利物浦梅尔伍德训练基地领奖，仪式很简单，没有观众到场。这一次，克洛普受邀出席隆重的颁奖典礼，必须发表获奖感言。

克洛普通常不怕在公开场合发言，遇上大型活动也不会怯场。但在不得不谈论自己时，他难免有点紧张。利物浦主教练紧握奖杯，感谢了那些为他投票的人，并简要回顾了此前 9 个月的经历。

“这个奖项由同行们投票选出，分量显然是最重的，”克洛普说，“这是莫大的荣誉，刚刚过去的这个赛季很不容易，对我们来说，结果不算最好的，但我们已经释怀了。”

在克洛普坚持下，利物浦教练组也来到伦敦。他指了指同事们所坐的位置，要与他们分享这份荣誉。“能拿到这样的奖项，要么你自己是天才，要么你得有世界上最好的教练团队。今天我来领奖了，我的教练组也来了，他们知道我心里有多感激他们。”他补充道，“我不太认可足球运动里的个人奖项，足球是团队运动，如果没有这个团队，我什么都干不成。我们能不能成功，关键在于我们这个团队能做什么，做成了什么。”

第二天早上，克洛普回到训练基地，召集全体球员，向他们表达了感激之情：“谢谢你们，是你们让全世界相信我们是优秀的教练员。”

他率领利物浦获得英超亚军（落后冠军曼城 1 分），杀入欧冠决赛，勇夺联赛杯和足总杯冠军。这两座沉甸甸的最佳主教练奖杯，他受之无愧。

克洛普很谦虚，不愿多谈自己的作用。不过，这场颁奖典礼过后，所有人都更加确信：利物浦拥有足坛最佳主教练之一。

克洛普与汤姆·维尔纳、约翰·W. 亨利和迈克·戈登在一起。

历史上，有多位传奇主教练对利物浦俱乐部产生了深远的影响。克洛普不仅继承了这一传统，还为后来者树立了新的标杆。他执教期间，给俱乐部注入了不懈奋斗的精神，2015 年以来俱乐部获得的一座座奖杯就是最好的证明。我有幸与克洛普成为挚友，我们相识主要是因为足球，而他的真诚、睿智和包容，还有他的谦逊，都让我印象深刻。他认为人的价值观不能狭隘，这一点我也很欣赏。我们雄心勃勃，而他的成就也确实远超出我们的期待！

汤姆·维尔纳

芬威体育集团主席，利物浦足球俱乐部主席

L.F.C.
AXA

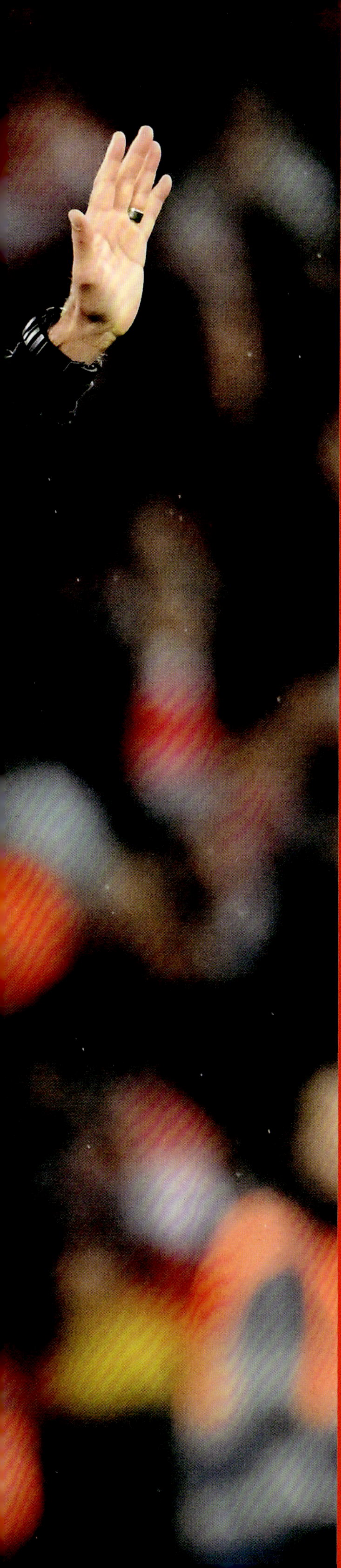

第 6 章

最后一舞

2022 年至 2024 年

刚加盟利物浦时，外界都在关注我，但主教练没给我任何压力，挺好。由于语言不通，我碰上很多困难，他给了我很大的信心，他告诉我充分发挥自己的长处就行。他说：“你在欧冠代表本菲卡踢过利物浦，你那时候怎么踢的，现在就怎么踢，但一定要沉住气。”然后第一场比赛我就进球了，帮助球队赢得社区盾。赢球肯定开心，所以我会永远记住这个进球。我在他手下踢了两年，他对我帮助很大，不管踢球还是做人，我都进步了。他教了我很多东西，我认为这对我以后的生涯发展是有好处的。

达尔温·努涅斯

2022 年至今效力于利物浦

克洛普的利物浦 2.0 计划启动，社区盾开球前，主教练和球队蓄势待发。

胜利之盾

2022 年 7 月 30 日，社区盾，利物浦 VS 曼城

社区盾创办于 20 世纪初，是一年一度的英格兰足球赛季揭幕战。多年以来，这项赛事一直不缺批评者。很多人认为，获得社区盾参赛资格，其实远比赢得社区盾重要。社区盾到底该不该被认真对待？每年外界都会围绕这个话题展开热议。

利物浦夺得 2021/2022 赛季足总杯冠军，获得了与英超冠军曼城争夺社区盾的权利。两强相遇，2022 年的社区盾可能会比往年更有火药味。

这是联赛开始前最后的热身机会。此外，拿下社区盾也能给新赛季开个好头。

此前，“克式红军”曾两度参加社区盾赛，第 1 次是在 2019 年对阵曼城，第 2 次是在 2020 年。这两趟温布利之旅，利物浦都是在和对手拼到点球大战后告负。克洛普非常希望能在 2022 年实现突破。

“利物浦对曼城，还有比这更好的赛季揭幕战吗？这场比赛肯定非常激烈，水平也非常高，”克洛普在赛前说，“今天我们要好好享受上赛季取得的

努涅斯进球锁定胜局，利物浦 3 比 1 击败曼城。

成绩，也要继续为新赛季做准备。另外，我们还要争取拿下这场比赛，我知道利物浦已经很多年没拿过社区盾了。”

2022 年夏天，马内和奥里吉等功勋球员离队，利物浦开启重建。数名新援来到安菲尔德球场，其中最引人注目的是努涅斯。他从本菲卡转会而来，成为队史新标王。在王权球场，努涅斯替补出场，发挥了重要作用。

上半场，阿诺德打进一球，利物浦 1 比 0 领先。下半场中段，曼城扳平比分。很快，努涅斯大显身手。第 83 分钟，他头球攻门，造成鲁本 · 迪亚斯禁区内手球，裁判判罚点球，萨拉赫稳稳罚中，为利物浦重新取得领先优势。伤停补时阶段，努涅斯破门得分，为球队锁定胜局。利物浦时隔 16 年再夺社区盾。

“这个进球真是锦上添花，我真为他高兴，”克洛普赛后说，“你看他笑得多开心，看队友们笑得多开心，小伙子们是真为他高兴，这是个好兆头。我看着也开心，而且比赛是我们赢了。赢了，这就是非常重要的赛事；输了，比赛就没那么重要了。”

2022 年社区盾，给利物浦球迷留下了非常难忘的回忆，而对克洛普来说，这也是一次弥足珍贵的季前夺冠之旅。

新援努涅斯用社区盾冠军庆
祝自己的利物浦生涯首秀。

九球大捷

2022 年 8 月 27 日，英超联赛第 4 轮，利物浦 VS 伯恩茅斯

阳光明媚，球队不停进球——遇上这样的日子，足球运动确实很美丽。这一天，克洛普的球队脚风正顺，再破纪录。

2022/2023 赛季揭幕后，利物浦在联赛前 3 轮仅获 2 平 1 负。以这些年建立的高标准来看，这样的战绩当然不够理想，媒体的反应一如既往地夸张。

克洛普轻描淡写地表示，这只不过是“开局不顺”。有人断言利物浦深陷危机，但球队很快就触底反弹，用最有力的方式回击质疑，伯恩茅斯不幸成为牺牲品。

对“樱桃军团”的无情屠杀，从比赛第 3 分钟开始，直到第 85 分钟才停止。“我非常满意今天开场后的表现，”克洛普说，“我们放开手脚，毫无保留，在场上全情投入，给对手施压。想赢就得敢冒险。”

迪亚斯打破僵局，埃利奥特攻入个人联赛首球，利物浦迅速拉开分差。随后，阿诺德、菲尔米诺和范戴克相继建功，利物浦时隔 48 年再次在比赛

迪亚斯开场仅 3 分钟就破门得分，随后与亨德森一起庆祝（左）。

法比奥 · 卡瓦略攻入“红军”生涯首球，将比分改写为 8 比 0（右）。

记分牌说明了一切，利物浦追平队史顶级联赛最大分差纪录。

上半场攻入 5 球。

“中场休息时，我们最重要的就是把状态保持住，我们一个球都不想让对手进，这个下午很美妙，不能破坏气氛，所以（下半场）我们必须再接再厉。”克洛普说。

下半场开场不到两分钟，伯恩茅斯送上乌龙大礼，比分变为 6 比 0。之后，菲尔米诺再进一球，法比奥 · 卡瓦略也斩获“红军”生涯首球，迪亚斯再次破门。这场进球盛宴终于拉上帷幕，惊魂未定的伯恩茅斯得到解脱。

“对我们来说，这是个完美的下午，好几个队员进球了，进了好几个很漂亮的球，留下很多精彩的画面。”克洛普赛后总结道，“我们全力以赴，给对手施加了巨大的压力。全队都知道必须打出这种表现，我们必须证明自己的实力。”

在这个难忘的下午，“红军”阵营心满意足。场上，进球一个接一个到来；媒体席上，数据统计员不停查阅资料，核对球队破了多少纪录。

利物浦 9 比 0 大胜伯恩茅斯后，不仅刷新了队史英超联赛最大分差赢球纪录——此前的纪录是 2020 年客场 7 比 0 胜水晶宫，还追平了队史顶级联赛最大分差赢球纪录——此前的纪录是 1989 年 9 比 0 大胜水晶宫。

质疑者全体沉默，克洛普收获漫长执教生涯中最大的一场胜利，沉浸在喜悦中。

我梦想成真，第一次在英超联赛中进球，而且我是为克洛普执教的球队进球，那意义就更不一样了。我不仅为利物浦踢球，也为克洛普踢球，我愿意为他拼尽全力。那段时间，我挺难熬的。就在比赛前不久，我奶奶去世了，但我一直没跟别人讲。后来教练知道了这件事，直接过来给了我一个大大的拥抱，说有困难随时找他。他就是这样的人，无论场上场下，他都是我们的坚强后盾，没有他就没有我的今天。他是利物浦的偶像，他给球员和球迷带来许多难忘的经历。我个人认为，再也不会有第二个尤尔根·克洛普了。

哈维·埃利奥特

2019 年至今效力于利物浦

哈维 · 埃利奥特在 9 比 0 击败伯恩茅斯的比赛中攻入个人英超联赛首球后庆祝。

利物浦先生

2022年11月2日，克洛普被授予“利物浦荣誉市民”称号

2015年，克洛普第一次走进安菲尔德球场的大门，从那一刻起，他的一言一行都完美符合利物浦球迷对主教练的要求。克洛普带队拿到很多冠军奖杯，成绩斐然，而他和球迷感情之所以那么深，绝不仅仅是因为他在赛场上的表现。

多年来，他关心希尔斯堡惨案的受害者，数次到利物浦当地医院探望患病儿童，经常抽出时间与球迷合影留念。在场外，克洛普用实际行动俘获了许多人的心。

利物浦球迷一直把这个来自德国黑森林的大胡子当成“自己人”。虽然他讲话没有利物浦口音，“德味”很重，但克洛普在无数场合证明过，自己与这座城市的市民很合拍。

2022年秋天，克洛普被授予“利物浦荣誉市民”称号，成为一名光荣的利物浦人。利物浦用这种方式，表彰克洛普在赛场上取得的成绩，以及他对当地众多慈善机构所做的贡献。

此前，足坛只有3人获得这项属于利物浦市民的最高荣誉，他们是鲍勃·佩斯利、肯尼·达格利什爵士和和杰拉德。这座城市其他著名“荣誉市民”还包括披头士乐队、格里·马斯登、肯·多德和希尔斯堡惨案的97名受害者。

克洛普成为第3位获此殊荣的外籍人士。他坦言，能加入这么多杰出人物的行列，自己感到非常激动。“我们都深爱着这座城市，获此殊荣，真的意义非凡。”克洛普说。

在利物浦市政厅举行的特别仪式上，克洛普偕妻子乌拉一起领取了荣誉市民证书。他表示：

“多年来，利物浦人和我们就像一家人，你能看到我们有很多共同点。我们关心同样的事情，政治观点一致，我们都开诚布公，事实就是如此。我身边人，包括我的亲友，都比我更了解这座城市。我总听他们说，他们之所以喜欢这座城市，正是因为我们有这些共同点，因为这里的人很好、很真诚、

克洛普在利物浦市政厅举行的仪式上被授予“利物浦荣誉市民”称号。

很友善。我也想成为这样的人。

“说实话，刚听到（获得荣誉市民称号）这个消息时，我真是愣了一分钟才回过神来。你们可以想象我的心情，当时我感觉就是很吃惊。这座城市，还有这里善良的人民，对我和我的家人太重要了。从那一天起，大家的热情就让我们大吃一惊。今天，我又得到这样的认可，我真的非常激动，也受宠若惊。

“在这里，我要感谢所有促成这一切的人。你们让我和家人感受到，我们与这座伟大城市之间的感情更胜以往，永远都无法割断。我们非常自豪。”

从克洛普到安菲尔德球场的第一个赛季开始，KOP看台上就飘扬着一面旗帜，上面写着几个大字——“尤尔根·诺伯特·克洛普，统率全军”。

从与克洛普合作的第一天起，我们就对他寄予厚望。我们都想知道他能带来什么，用歌词来说，后来他说到做到。他给我们带来了很多冠军奖杯，还有不同于以往的足球风格，漂亮的攻式足球，未来的数十年里，我们都会记得他的打法。他给我们带来太多欢乐和美好的回忆。他成为“利物浦荣誉市民”，绝对实至名归。他是外国人，能获得这样的荣誉真的非常厉害，这不仅仅是因为他带队打出了好成绩。这座城市的人喜欢他，所以这份荣誉才更显特别。在我看来，成为利物浦荣誉市民非常值得骄傲，和封爵没什么区别。我期待之后几年能继续看到他带领球队上街巡游，他在这里取得了太多成就，我们永远都会给予他最高的认可。

菲尔·汤普森

1972 年至 1985 年效力于利物浦
1986 年至 1993 年任利物浦教练
1998 年至 2004 年任利物浦助理教练

获此殊荣后，他加入众多杰出人物的行列。

难敌群狼

2023 年 2 月 4 日，英超联赛第 22 轮，狼队 VS 利物浦

在利物浦球迷眼里，克洛普是不可能犯错的，但有时候，他也免不了挨批评。当球队在充满希望的赛季遭遇巨大的挫折时，他发现自己被推上风口浪尖。

利物浦在 2021/2022 赛季差点开创史无前例的“四冠王”伟业，之后又击败曼城，捧起社区盾冠军。2022/2023 赛季开始后，人们对克洛普的球队寄予厚望。2022 年 8 月，“红军”9 比 0 痛击伯恩茅斯，这场进球盛宴并非偶然，之后球队还取得过其他大胜，在欧冠联赛中曾客场 7 比 1 完胜格拉斯哥流浪者。但是，利物浦的状态并不稳定。

2022 年 10 月下旬，利兹联攻陷安菲尔德球场，利物浦落后排名第四的球队 8 分，警钟已经敲响。早在赛季开局阶段，克洛普就承认球队遇上了麻烦，“我们现在状态不稳定，这样下去是进不了欧冠的”。

圣诞节前，利物浦在联赛杯第 4 轮被曼城淘汰。一个月后，球队又在足总杯第 4 轮客场负于布莱顿，退出国内杯赛战线。

在欧洲赛场，克洛普又一次成功地带队杀入欧冠淘汰赛。但 2023 年 2

巴伊切蒂奇在比赛中与狼队的库尼亚争顶（左）。

利物浦客场惨败，阿诺德双手掩面，失望至极（右）。

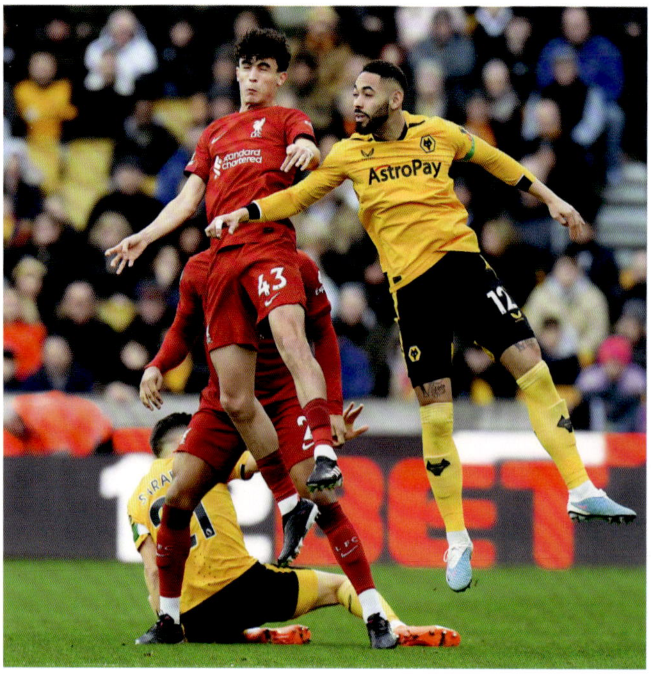

埃利奥特上场替下巴伊切蒂奇，但也未能改变战局。

月初，利物浦若想拿到下一个赛季的欧冠参赛资格，似乎只剩下欧冠夺冠这一条路。

当时，克洛普的球队在联赛中已经遭遇 6 场败仗，外界非常不看好利物浦的争四前景。2 月第一个周末，利物浦在莫利纽克斯球场跌入赛季最低谷。虽然狼队深陷保级泥潭，但“红军”在此役的前 12 分钟内连丢两球，上半场只射正对手球门一次。

利物浦坐拥由萨拉赫、努涅斯和世界杯新星加克波组成的三叉戟（加克波于 2023 年冬窗从埃因霍温转会加盟），依然无法组织有效的反扑。狼队在下半场攻入第 3 球，彻底杀死悬念。

利物浦客场完败，滑落至英超积分榜第 10 位。克洛普满怀歉意，但不知道问题出在哪里。“我讲不清楚原因，我很抱歉，”他说，“你们可以批评我们，可以骂我们，也许你们说得对。痛苦是我们造成的，不能这样下去了，我们必须做出改变。”

10 多年来，利物浦第一次在英超联赛中遭遇客场三连败，信心受损，尤其是在防守端。狼队球迷甚至朝克洛普喊出“你明天早上就会下课”这样可笑的口号。

和过往一样，眼看利物浦“落难”，媒体又开始夸大其词，对手球迷也开心不已。形势确实不容乐观，克洛普压力很大。记者问他有没有信心扭转局面，“红军”主教练答道：“有，当然有。”

他给了我和很多年轻球员对外展示的机会。从第一天开始，主教练和教练组就非常照顾我，我很感激他们。我是年轻球员，能从梯队一步步上来，真的很开心，从我加入俱乐部那天起，我就梦想着有朝一日能进克洛普的一线队。从 U18 梯队，到一线队，到第一次上场比赛，再到打进第一个球，一切发生得太快了。我出道至今，他对我影响很大，他让我能够自信地踢球，放开手脚发挥，让我踢出好的表现，不断进步。我永远感谢他对我的信任。

斯特凡·巴伊切蒂奇

2022 年至今效力于利物浦

巴伊切蒂奇在比赛中带球推进。

七球大胜

2023 年 3 月 5 日，英超联赛第 26 轮，利物浦 VS 曼联

有时，在足球比赛中，你只需坐下来好好欣赏眼前发生的一切，比如那种史无前例的场景，错过可能就不会再有，还有那些群星闪耀的时刻，所有剧情都是水到渠成。

2023 年 3 月第一个周末，“红军”球迷有幸体验了一回。利物浦在与死敌的较量中，踢出前所未有的好状态，创造“双红会”历史最大分差。

2021 年 10 月，利物浦曾在老特拉福德球场 5 比 0 痛击曼联，所有人都认为这是个无法超越的纪录。然而，就在“红魔”阵营感觉情况“再坏也坏不到哪里去”时，克洛普率队给他们好好上了一课。

曼联上次在安菲尔德球场赢球还要追溯到 2016 年 1 月，当时，克洛普刚履新 3 个月。2021/2022 赛季，曼联做客安菲尔德球场，0 比 4 输球。2023 年 3 月这场比赛前，滕哈格的球队状态正佳，在积分榜上领先利物浦 10 分。上半场两队互有攻防，终场的比分却令人大跌眼镜。

半场结束前，加克波为利物浦打破僵局。下半时开场仅 3 分钟，努涅斯和加克波连进两球，基本锁定胜局。“下半场的开局太完美了，之后小伙子们就打疯了，对手很难跟上我们的节奏。”克洛普赛后点评道。

球队头号球星萨拉赫不甘人后，梅开二度，成为利物浦队史英超射手王。努涅斯也再入一球，“红军”在主场大开杀戒。

加克波首开纪录后和队友一起庆祝（左）。

加克波在下半场再入一球（右）。

菲尔米诺替补登场后破门，将比分锁定在 7 比 0。

利物浦让死敌颜面扫地，主场球迷欢欣鼓舞，记者们绞尽脑汁地想形容词，以便润色赛后报道。然而，终场哨音还没吹响，曼联的磨难仍未结束。

利物浦不满足只进 6 球，希望继续在曼联的伤口上撒盐。最后时刻，即将离队的菲尔米诺替补登场，锦上添花，帮助利物浦把比分改写为 7 比 0。

这个比分不仅刷新了“双红会”单场分差纪录（之前的纪录是 1895 年利物浦 7 比 1 战胜曼联），也追平了曼联队史最大分差失利纪录。赛后，克洛普在接受采访时狠狠夸赞了弟子们的出色表现。

“比赛很精彩，太好看了。面对状态正佳的对手，我们踢出了最高水平。这是很长一段时间以来我们踢得最好的一场比赛。”

利物浦在“双红会”中最大的胜利，是由克洛普带队拿下的。在这个下午，安菲尔德球场的观众享受了最极致的快乐，利物浦人将永远铭记这场比赛。

加克波于 2023 年冬窗从埃因霍温转会加盟利物浦，
在这场“双红会”中，他大显神威，梅开二度。

加盟利物浦，在这样一位伟大的主教练手下踢球，我真的很开心。他帮助我成长进步，跟曼联的比赛显然是个高光时刻，我也发挥了作用，太棒了。他赛前告诉我这场比赛非常重要，他也非常信任我。为了报答他，我在这个具有历史意义的下午打进两球，我一辈子都忘不了。我记得下半场我被换下时，他说非常满意我的表现，他的肯定对我意义重大。他为俱乐部所做的一切值得大书特书，他永远都比别人看得远，就算在困难时期，他也让我们相信自己能取得成功。他给了我机会，让我能为这家顶级俱乐部效力，我永远感激他。

科迪·加克波

2023 年至今效力于利物浦

争四失败

2023 年 5 月 20 日，英超联赛第 37 轮，利物浦 VS 阿斯顿维拉

7 球大胜曼联一周后，利物浦在客场 0 比 1 输给伯恩茅斯，这种起伏不定就是球队整个赛季状态的缩影。3 月 15 日，“红军”又在欧冠 1/8 决赛被皇马淘汰出局。和 2020/2021 赛季一样，克洛普与球队只能通过联赛争四来实现救赎。

球迷有理由感到紧张，但从 2023 年 4 月初到 5 月初，形势突然好转。利物浦在联赛中打出七连胜，包括两场进球盛宴——客场 6 比 1 大胜利兹联，主场 4 比 3 险胜托特纳姆热刺，在与热刺的比赛中，若塔上演读秒绝杀。

利物浦在积分榜上紧追排名第三的纽卡斯尔和第四的曼联。不过，赛季余下的比赛不多，利物浦若想冲进前四，还得盼着对手出错。

2022/2023 赛季最后一个主场比赛日，柯蒂斯 · 琼斯在对手逼抢下护球。

菲尔米诺为球队抢回 1 分，但利物浦必须全取 3 分才能保留争四希望（左）。

另一方面，利物浦自己不能犯错，必须保持连胜的势头。联赛倒数第 2 轮，“红军”主场迎战阿斯顿维拉，此役至关重要，不容有失。

赛前，几名主力球员刚刚确定将在赛季末离队，大战前的紧张气氛中也交织着离愁别绪。同时，克洛普着眼未来，计划对球队进行大刀阔斧的改造。

阿斯顿维拉显然是来砸场子的，上半场结束时，客队 1 比 0 领先。关键时刻，利物浦需要球迷的宠儿菲尔米诺挺身而出。巴西中锋是即将告别安菲尔德球场的 4 名球员之一，在下半场替补登场，并在终场哨响前射入绝平球。菲尔米诺最后一次亮相安菲尔德球场，为利物浦保留一线生机，现场所有人都非常激动。然而，平局不足以让球队完成目标。

主场战平阿斯顿维拉后，利物浦争四前景渺茫。几天后，对手全都拿够分数，锁定排名，将利物浦挡在欧冠区外，这是 2015/2016 赛季以来“克式红军”首次无缘联赛前四。赛后，克洛普第一个站出来承认球队做得不够好，状态来得太晚。“我认为我们还是让人看到过希望的，7 周前，我感觉我们（争四）没戏了，”他说，“后面这段时间，小伙子们表现非常好，但我们前面低迷太久了，这是我们自己的问题。”

米尔纳、凯塔、张伯伦与菲尔米诺一起离队，一个时代就此结束。利物浦即将进入转型期，克洛普不甘地表示：“我们会找回竞争力。”

2015 年 11 月，已经离队的杰拉德重回梅尔伍德基地，
跟队训练保持状态，与克洛普相谈甚欢。

他来利物浦后第一次接受采访，就让人想在镜子前进行突击训练，我们心里的感觉就是“好戏开始了”。我记得后来我代表俱乐部参加了一场表演赛，克洛普是教练，我当时就在想：“要是能在这哥们手下踢一个赛季，我花多少钱都愿意，不管是谁，让我做什么都行。”他来之前，我们经历了很多痛苦，饱受伤害和质疑，他让我们的球员进步了，打造出让人眼前一亮的胜利之师。利物浦主教练不好当，压力很大。我们有过香克利、佩斯利、费根、贝尼特斯……这些主教练为利物浦带来过巨大的荣誉，而克洛普的成就也摆在那，绝对是最强的那一档。我只盼着俱乐部能给他立座雕像，他配得上这样的认可。

史蒂文·杰拉德

1998 年至 2015 年效力于利物浦

2017 年至 2018 年任利物浦俱乐部青训教练

险胜

2023 年 8 月 27 日，英超联赛第 3 轮，纽卡斯尔 VS 利物浦

2023 年夏天，克洛普着手重建球队，改造中场。这个转会窗口，球员进出交易频繁，利物浦若在训练基地入口安装一扇旋转门，其实也是可以理解的。克洛普将该项目称为“利物浦 2.0”，希望能以此为契机，翻开自己在俱乐部的新篇章，走向新的辉煌。

2022/2023 赛季，利物浦争四失败，也没有收获冠军奖杯。夏窗进行阵容换血是非常合理的，但是，多名功勋球员相继离队，重建工作难度不小。2019 年至 2022 年期间，这些球员为利物浦的成功发挥了重要作用。

菲尔米诺、米尔纳、凯塔和张伯伦早就确定要离队，法比尼奥和队长亨德森的离开却在意料之外。

为了填补中场的空缺，克洛普引进了备受好评的匈牙利队长索博斯诺伊、

年轻中卫库安萨上演英超首秀，表现不俗。

范戴克被罚下场后，克洛普在场边显得非常紧张（左）。

努涅斯替补出场，在最后时刻连进两球，帮助球队反败为胜（右）。

世界杯冠军队成员麦卡利斯特、拜仁小将赫拉芬贝赫以及名气相对较小的远藤航。一线队阵容班底得到更新，梯队还有一批青年才俊在等待机会，克洛普相信球队做好了再次冲击冠军的准备。

“今年夏天正好时机到了，这是我们必须做的工作，”克洛普解释道，“球队会重建，会有新的打法、新的能量，我很期待。去年我们就决定好好改变一下，我们希望主动求变，而不是等到迫不得已了才动手。我喜欢此前 7 年的一切，但我们也需要找到新的能量来源，每天看着这么多新面孔，看到他们拥抱新挑战，这也能给我带来能量。”

2023/2024 赛季开始后，利物浦果然重新焕发活力，表现不俗，在各项赛事中取得 8 战 7 胜 1 平的好成绩。8 月底，球队做客圣詹姆斯公园球场，经过激战险胜纽卡斯尔，证明了自己的实力。三名新援出战了本场比赛，开场后不到半小时，“红军”先丢一球，队长范戴克“染红”离场。

第 77 分钟，眼看扳平的希望越来越小，队员越来越沮丧，克洛普连换两人，派上前锋努涅斯，并让年轻中卫库安萨上演职业生涯首秀。4 分钟后，努涅斯为球队扳平比分。补时阶段，他再入一球，帮助利物浦完成神奇的逆转。

“球队有了新的主力球员，需要经历一点关键时刻，今天绝对是个关键时刻，”克洛普赛后兴奋地说，“我想，在我作为教练及主教练的 1000 多场比赛中，我从未遇到过这样的情况，10 人应战，现场又是这样的氛围，对面又是这样的对手。这场比赛太特殊了，小伙子们赢得堂堂正正。”

从上赛季将自己挤出前四的对手身上全取 3 分，这场胜利对全新的“克式红军”确实有着非常重要的意义，也让利物浦球迷看到了美好的未来。

努涅斯破门后冲向角旗区，在随队出征的球迷面前庆祝。

我永远忘不了他为我和我的职业生涯所做的一切。我一直想为利物浦效力，是他让我在利物浦一线队踢上比赛。更重要的是，他非常信任我，对我很有信心。与纽卡斯尔的比赛，我完成职业生涯首秀。我之前从没踢过英超比赛，派我这样的年轻中卫上场，有些人会觉得不可思议。但他毫不犹豫地把我派上场，太不可思议了，我信心一下就上来了。当时，他没有多说话，我知道他对我有信心，我要的就是这个。很遗憾，我们合作的时间不够长，在他手下的这段时间，我已经从他身上学到了很多东西。

贾雷尔·库安萨

2023 年至今效力于利物浦

始料不及

2024 年 1 月 26 日，克洛普宣布将在赛季末离队

天下没有不散的筵席，但没人想到离别来得如此之快……克洛普在利物浦待了将近 9 年，留下许多令人难忘的回忆，人们都希望他还能再执教几年。就在此时，一个出人意料的消息改变了一切。

这是默西塞德郡一个普通的周五早晨，阳光明媚，一切都很美好。两天前的晚上，利物浦在联赛杯半决赛次回合战平富勒姆，凭借 3 比 2 总比分顺利晋级决赛。两天后，利物浦将在足总杯第 4 轮主场迎战诺维奇，备战工作有条不紊地进行。此外，“红军”以 5 分优势领跑英超积分榜，也打进欧联杯淘汰赛。

没有任何迹象表明天气会转阴。在位于柯比的俱乐部一线队训练基地，球员们照常训练，但被通知集合开会。在会上，主教练将宣布一个令人震惊的消息。

上午 10 点半，利物浦通过俱乐部官网和社交媒体账号发布了一份措辞严谨的声明，还配有一段几小时前刚录好的视频。声明的标题言简意赅《克洛普决定在本赛季结束后辞去利物浦主教练职务》。

这短短几个字，让足坛为之震动。起初，球迷希望并祈祷这只是恶作剧，是黑客攻击了利物浦官网，或者愚人节提前到来。

毫不夸张地说，利物浦人都被惊得目瞪口呆。这份声明事关重大，也让人费解。在街头、办公室、工厂和学校，大家放下手头的事情，都在问同一个问题：为什么？

克洛普解释道：

“此时，听到这个消息，很多人的第一反应是震惊。我当然可以说说原因，至少可以试着说说原因。

“我爱这家俱乐部的一切，我爱这座城市的一切，我爱我们球迷的一切，我爱这支球队，我爱所有工作人员，我爱这里的一切……但我仍然做出了决定，说明我确信自己必须做这个决定。

“我精力不够了，我知道自己不能坚持日复一日地完成工作了。我们一

起走过了那么多年，共度了那么多时光，经历了那么多事情，我对你们的敬意与日俱增，对你们的爱与日俱增。我对你们不能有所保留，必须把事实说出来。”

克洛普坚称不是临时起意，并透露自己在 3 个月前就与俱乐部提了辞职的计划。“我去年 11 月就告诉了俱乐部。一个赛季开始后，我们就会计划好下个赛季的很多事情。我们一起讨论可能要签哪些新援、明年夏训怎么安排、可以去哪里，我突然就在想：‘我明年还在这里吗？’我自己也很惊讶，但我显然在考虑这个问题了。”

在外界看来，这个时机很不合理。第二代“克式红军”刚刚成型，多名新援慢慢融入球队，一批青训英才正等待着出头机会。克洛普的“利物浦 2.0”正以比预期更快的速度磨合，突然之间，球队又在四条战线高歌猛进。虽然项目的进度没有提前，但各项工作似乎都已步入正轨。

“上赛季（2022/2023 赛季）非常困难，”克洛普补充道，“如果是其他俱乐部，（高层）可能就会跟主教练说：‘非常感谢你所做的一切，但我们可能只能合作到此了。’当然，利物浦没有这么干。对我来说，帮助球队重回正轨是非常重要的事情。

“我满脑子考虑的都是这个问题。我很快就意识到，这支球队非常优秀，潜力巨大，年龄结构非常好，性格也足够强硬，所以我可以重新考虑自己的未来了，考虑的结果就是离开。我不想走，但我想得很清楚，我走是最正确的决定，就这么简单。”

赛季正处于关键阶段，主教练赛季末离任的消息很可能给球员造成不利影响，但克洛普告诉大家无须为此担心：

“小伙子们心情挺好。倒不是说他们听到我要走就高兴坏了，我就是很正常地宣布了一下，有人流泪了，毕竟大家相处了那么久，也正常。

“按道理，我不应该在赛季结束前对外透露消息。但在我们生活的这个世界里，这样的事情是不可能保密的。有一点我很确定，如果必须要做出这样的决定，长痛不如短痛，拖得越久也痛苦。

“俱乐部需要尽早了解情况并制订计划。过去几年里，我们做了很多工作，给未来打下了良好的基础，现在唯一可能扰乱这一切的就是我无法做出正确的决定，因为我在这里的时间不多了，我必须认真对待。这支球队已经为未来做好了准备。我所说的‘利物浦 2.0’，并不包括之后 10 年的我，但未来的基础已经打好了。”

克洛普要离开利物浦了，在很多上了年纪的“红军”球迷看来，论震惊程度，丝毫不亚于1974年香克利决定退休和1991年达格利什主动卸任。这是利物浦队史上的三大意外时刻，这三大新闻都让人始料不及，一石激起千层浪。

下午，克洛普又出现在训练场上，球员们正在为周末的比赛做准备。随后，他与利物浦首席执行官比利·霍根一起出席新闻发布会。面对媒体记者，利物浦主教练面带微笑，但情绪略显低落。他承认自己内心百感交集，还是礼貌且耐心地回答了所有问题。

“我仍然认为这么做是对的，我不会随随便便做这个决定，”克洛普重申，“在利物浦当主教练承担着很大的责任，需要充沛的精力才行。我不是小伙子了，不能像以前那样了。利物浦需要一位年富力强的主教练，才能带好这么强的阵容。我必须告诉大家，我做不到了。我首先告诉了俱乐部，然后告诉了教练组，今天大家都知道了。我必须告诉球迷和球员，我打定了主意，也如释重负。今天，我的心情很复杂。但现在还没到真的要走的那一天，我其实没那么激动。”

事情发生得很突然，但这也是俱乐部历史上具有纪念意义的一天。由于时间太紧，周末的《比赛日指南》中来不及刊登相关内容。克洛普则强调，自己在正式卸任前还有很多工作要做。“我还踩着油门呢，会一直踩到我最后一场比赛的最后一分钟。从球员的言行举止来看，从他们在训练和对抗中的态度来看，他们的心态也一样。我说过一切都不会变，我们的雄心、标准和信念全都不会变。我们知道自己想要什么，也知道实现目标需要付出什么努力。我和全队都对本赛季充满信心。”

英格兰足坛，还有利物浦人的生活，肯定不会和以前一样了。接下来的4个月里，他们还能享受和克洛普在一起的时光。这天过后，克洛普不希望自己的工作再受到离任新闻的任何影响。

我听到这个决定后，于公于私都很失落，这是毫无疑问的。但克洛普事先和我讨论了赛季结束后离任的计划，我知道这对他和家人来说，对俱乐部来说，肯定都是最正确的决定。我能从他的眼睛里看出来，他做这个决定很平静，没有丝毫犹豫，也没想过“要不然”什么的。接着我们就讨论了应该用什么方式来公布决定。克洛普讲话很真诚、很直接，总能让人产生共鸣，所以他深受大家喜爱。他领导我们在球场内外取得成功，给我们留下了很多难忘的回忆和激动人心的时刻。我和他既是同事，也是朋友，我真的会想念他。我代表大家祝他和家人一切顺利。谢谢你，尤尔根·克洛普，你永远不会独行。

比利·霍根

利物浦俱乐部首席执行官

克洛普宣布将在2023/ 2024赛季结束后卸任利物浦主教练一职，震惊了整个足坛

克洛普的孩子们（2）

2024年2月25日，联赛杯决赛，利物浦VS切尔西

利物浦名宿阿兰·汉森拿过很多冠军，说过一句名言：“靠一帮孩子，你什么都赢不了。”这名“红军”后卫退役后转行成为评论员，他的很多观点都备受推崇。2024年初，克洛普将亲手检验汉森的理论是否正确。

克洛普宣布将在赛季结束后离任，震惊了足坛。之后的一个月，利物浦踢了6场比赛，只输掉1场，他的“告别之旅”开局不错。克洛普想多拿几座奖杯，给自己的利物浦生涯画上完美的句号。利物浦四线出征，首先在联赛杯中闯入决赛。

利物浦一路过关斩将，先后淘汰莱斯特城、伯恩茅斯、西汉姆联和富勒姆，第3次与切尔西会师温布利球场。

在决赛之前的征途中，克洛普将球队的阵容深度利用到极致，让人非常惊喜。利物浦在5场比赛中总共上场24名球员，多名小将得到为一线队披挂上阵的宝贵机会。决赛那天，由于队内伤情严重，克洛普只能继续从梯队挖掘潜力。

一线队至少有6名主力球员因伤高挂免战牌，这趟南下之旅，利物浦面临缺兵少将的窘境，布拉德利的名字出现在首发名单中。这名北爱尔兰后卫是阿诺德的合格替补，此前两个月，他经常代表球队出战，但没有在如此重要的比赛中出场。替补席上还坐着布拉德利的几名梯队队友，他们初出茅庐，没什么成年队比赛经验，其中两人还没完成职业生涯首秀。

“在历史上留名的机会有很多，利物浦球迷肯定不会忘记的，”克洛普赛前说，“是的，前面好几个孩子都上场踢了很长时间，这对他们非常重要。无论在什么级别的赛事中上场，对年轻球员来说都是往前迈了一大步。”

开场仅25分钟，赫拉芬贝赫在和凯塞多对抗后受伤，被担架抬下，利物浦再添伤兵。随后，“红军”旧将斯特林将球送入网窝，但裁判判定攻方有人越位在先，进球无效。下半场，利物浦开出前场任意球，范戴克将球顶进，但视频助理裁判认定远藤航在越位位置阻挡防守球员，进球同样无效。

比赛过程与两队在2022年所踢的两场杯赛决赛非常相似，双方门将都

克洛普的孩子们在温布利球场击败切尔西，赛后克洛普满眼都是骄傲（左）。

年轻的北爱尔兰边卫布拉德利和梯队队友们在一起（右）。

发挥神勇，高接低挡，两边的门框也起到救命的作用。

时间一分一秒地流逝，场上队员渐渐体力不支，克洛普别无选择，毫不犹豫地看向替补席，让几名小将做好准备。“这些孩子和我们一起训练了很长时间，他们很清楚我们要怎么踢，”他说，“我们需要能跑起来的人。他们有体力，很年轻，上去后也很好地完成了任务。”下半场中段，博比 · 克拉克替补出场，常规比赛结束前，詹姆斯 · 麦康奈尔和杰登 · 丹斯登场亮相。加时赛中，库安萨也替补上场。

终场哨响时，利物浦在场上有 3 名 U20 球员和 2 名 U21 球员。这是利物浦队史上最青涩的杯赛决赛阵容，但小伙子们一点都不怯场。利物浦死忠看台上的球迷高声呐喊助威，年轻的“红军”战意十足，拒绝保平踢点球大战。在当时的情况下，这种气势本身就很了不起。最终，他们的努力以及主教练的用人不疑，都收到了回报。

加时赛还剩 2 分钟时，残酷的点球大战似乎不可避免，利物浦在前场右侧获得角球机会。齐米卡斯将球开出，范戴克再次高高跃起，漂亮地狮子甩头，将球顶入球门远角。这一次，进球毫无争议，绝对有效，温布利球场顿时一片欢腾。

利物浦第 10 次夺得联赛杯冠军，克洛普最后一次作为主教练来到温布利球场，收获冠军。他接受队长的邀请，效仿鲍勃·佩斯利在 1983 年的做法，在队员的簇拥下高高举起奖杯。

克洛普说：

“这绝对是 20 多年来我赢得的最特别的奖杯。

“我今天看到的一切是如此特别，以后可能都不会再有了。不是因为今天在场边指挥比赛的是我，而是因为这种事情在足球场上本来就很难发生。

“别人跟我说，英格兰足坛有句老话，‘靠一帮孩子，你什么都赢不了’。我之前不知道这句话，真是这样吗？看看赛后孩子们的表情……你能创造出让人难忘的足球故事吗？太难了。派青训球员上场，对阵顶级球队，最后还能赢下来，这样的故事你还在别的地方见过吗？反正我没见过。

“我为球迷骄傲，他们拼命为球队加油。我为工作人员骄傲，他们营造了很好的氛围，让孩子们可以做自己最擅长的事情。我为青训梯队骄傲，为教练组骄傲，我为很多事情感到骄傲，我太激动了。赛前我们就有麻烦，比赛中麻烦变大了。今晚我们克服了那么多困难，我永生难忘，这段美好的回忆，我会记一辈子。”

不算社区盾冠军，这个联赛杯冠军是克洛普带领利物浦获得的第 7 项重要荣誉，他成为队史上夺冠次数第二多的主帅（并列）。此前，利物浦也从未用一套有如此多年轻球员的阵容获得成年队赛事冠军。

在当晚的返程航班上，这位即将离任的主教练抱着奖杯入睡。他知道，自己要走了，但他的孩子们已经长大成人。

库安萨、布拉德利和埃利奥特一起展示奖杯。

全队都感觉不可思议，尤其是年轻球员。我们伤兵满营，真不容易，但主教练对我们充满信心，这对我们来说意义重大。在我看来说，在温布利球场为利物浦踢杯赛决赛是最重要的事情，他帮我们减压，方法还是跟以前一样。他说：“鼓足信心，享受比赛，发挥正常水平就行了。”他帮我们树立起信心，我们用胜利回报他。他就是我的一切，他给了我机会，让我第一次代表利物浦上场比赛，这对我的成长至关重要。他太能激励人了，他为俱乐部做的事情都非常棒，我非常感谢他为我所做的一切。

康纳·布拉德利

2023年至今效力于利物浦

再见，尤尔根·克洛普

2024年5月19日，英超联赛第38轮，利物浦VS狼队

克洛普宣布将在赛季末离任后，所有人都不希望这一天真正到来。然而，这段精彩纷呈的旅程终于还是到了最后一站，现场所有人眼含热泪。

这是安菲尔德球场历史上最感人的欢送仪式，也是对克洛普最好的褒奖。在每个利物浦人心中，他永远都占据着特殊的位置。

最理想的剧情当然是——克洛普先在座无虚席的KOP看台前捧起英超冠军奖杯，在三个晚上之后率队飞过爱尔兰海，去都柏林拿到欧联杯冠军，完成在“红军”主教练任上的大满贯。遗憾的是，他未能如愿，但这并没有破坏现场的氛围，这场比赛几乎就是当天体坛最重要的事情。

利物浦赢得联赛杯冠军后，“四冠王”的话题再次被外界提起。只可惜好景不长。足总杯1/4决赛，克洛普的球队前往老特拉福德球场对阵曼联，在最后时刻惨遭逆转。利物浦本应轻松拿下对手，结果却铩羽而归。

心理上的创伤需要时间来治愈，这也影响了利物浦最终的成绩。随后，亚特兰大来到安菲尔德球场，客场爆冷大胜，给利物浦的欧联杯前景蒙上阴影。对克洛普的弟子们来说，首回合0比3落败，次回合翻盘并非天方夜谭。但这一次，“红军”没有创造奇迹，黯然出局。

利物浦只剩联赛一条战线，与阿森纳、曼城展开英超争冠大战。起初，克洛普的球队没有掉链子，咬住了对手。但收官阶段，利物浦在主场输给水晶宫，在客场输给埃弗顿，逐渐被另外两强拉开差距。

球队上下明显失去了动力，赛季目标已经无法实现。有人认为，克洛普不该在1月宣布离任决定，那份声明影响了球员的心态。实际上，这支“红军”仍处于转型期，尚未完成改造，拿到一座冠军奖杯，轻松获得欧冠资格——这样的成绩绝对值得称赞，也预示了光明的未来。

克洛普即将离任，主队状态下滑，赛季的最后几个月，球队的情绪有些低落。但随着收官日的临近，球队的想法发生了变化：这位主教练彻底改变了利物浦的命运，我们何其有幸，能与他共度9年时光。那些美好的日子又浮现在球迷心头，一篇篇感人至深的纪念文章出现在社交媒体上，笑容也回

比赛结束后，克洛普和教练组手挽手冲向 KOP 看台，感谢球迷。

到利物浦人的脸上。球迷计划举办各种活动来致敬克洛普，为他送行。

克洛普带队的最后一战，利物浦的对手是狼队，比赛结果已不重要，但安菲尔德球场的球票销售情况空前火爆。利物浦赛前就稳居积分榜第三，比赛当天，现场盛况空前，让人误以为这是一场事关英超冠军归属的关键战。

利物浦球迷非常在意克洛普，纷纷前来向他表达谢意。俱乐部官方告别视频的配乐歌词说出了球迷的心声："你就是我的一切。"他用自己独有的方式带领利物浦前进，他热爱这座城市的生活，与球迷感情深厚，在利物浦人心中，他的地位堪比香克利。香克利之后，还没有利物浦主教练能受到球迷如此崇拜，每个人都希望好好向他道一声"珍重"。

赛前，克洛普依旧表现得很职业，不希望外界太关注他本人。克洛普在自己的最后一份《比赛日指南》中写道："首先，最重要的一点的是——其实第一、第二和第三重要的都是周日的比赛。我们不能也不会忽视这一点。自从我来到这里，很多场比赛都夹杂着赛场之外的事情，但有条规则我们必须遵守：从开场到最后，我们要竭尽全力，踢出利物浦应该有的样子。比赛结束之后，我们可以想干什么就干什么，但比赛永远是第一位的，优先级永远是最高的。"

他说得非常对，这一天，场上发生了什么并不重要，英超其他场次的比赛也不重要。开球前，安菲尔德球场周围的街道洋溢着狂欢的气氛。球场内，

亨利、霍根和达格利什来到比赛现场，送别克洛普（左）。

“谢谢你，尤尔根”（右）。

3 块液晶屏上显示着“谢谢你，尤尔根，你永远不会独行”，向即将离任的主教练道别。KOP 看台上的球迷骄傲地挥舞着旗帜，致敬克洛普，其中一面旗帜上写着几个醒目的大字“质疑者、信徒、征服者”。

整场比赛，球迷们不遗余力地高喊克洛普的名字，还唱起一首又一首助威歌，回忆那些在克洛普时代为利物浦立下汗马功劳的球员们。终场哨响前，观众们又开始为克洛普唱歌，好像没有停下来的意思。最终，利物浦 2 比 0 获胜，这个结果很完美，克洛普指挥利物浦踢了 491 场比赛，总共拿下 299 场胜利。现场来了 61000 多名观众，其中大多数人都嫌计时器走得太慢，只希望裁判赶紧吹哨结束比赛。然后，他们就能把心中全部的敬意献给克洛普。因为他帮助“红军”球迷圆梦，是鲍勃 · 佩斯利之后任期最长、成绩最优异的利物浦主教练。

赛后，安菲尔德球场的观众首先向即将离队的球员和教练员致意。随后，队员们在通道口站成两排，最后一次欢迎克洛普教练走上草坪，现场想起了雷鸣般的掌声。克洛普走向工作人员精心搭好的舞台，观众们又高喊起他的名字。片刻过后，全场鸦雀无声，克洛普拿起麦克风，发表了万众期待的告别演说。“我很意外。说实话，我原本以为‘我的心碎了’，但我没有。我太高兴了，简直不敢相信，”他说，“我为你们感到高兴，为现场的气氛感到高兴，为比赛感到高兴，为成为利物浦大家庭的一员感到高兴，为我们自己感到高兴，为我们今天的庆祝感到高兴。太不可思议了，非常感谢你们。”

他慢慢地说，观众认认真真地听。“有人告诉我，我让他们从质疑者变成信徒，事实并非如此。信仰是一种主动的行为，首先是你自己有意愿。我只是说一说而已，但你们做到了，说到和做到有着很大的区别。现在没人能

比赛结束后，利物浦球员列队欢迎克洛普走上草坪。

让你们停止信仰，因为利物浦正处于前所未有的美好时代。也许是有史以来最美好的时代——当然，我还得问问肯尼（达格利什）！至少是很多很多年以来最美好的时代，我这么说应该没问题。我们拥有这座超棒的球场，我们拥有条件优越的训练基地，我们还拥有你们——足坛最强大的力量。现在我是你们中的一员了。我太爱你们了，我的衣服上写着'谢谢你们的爱''我永远不会独行'。谢谢你们！你们是世界上最好的球迷，谢谢你们！"

克洛普从台上走下，球迷再次对他报以热烈的掌声，是时候再表演一遍那个动作了。他最后一次朝四面看台挥拳，观众们不停地欢呼、鼓掌和唱歌，任由泪水在脸上流淌，一个永远不会被人遗忘的辉煌时代终于落下帷幕。

8 年 7 个月零 11 天，491 场比赛，1035 个进球，299 场胜利，8 座奖杯，汇成一段终生难忘的回忆。

KOP 之王，尤尔根 · 克洛普，我们向你致敬。

克洛普在利物浦执教的这几年，真是掀起了一场革命。他展现出世间少有的领袖气质，在他的激励下，俱乐部上下忠诚奉献，开创了队史上最成功的时代之一。他不仅是领导者，还营造了一种氛围，吸引着大家不断努力和进步。克洛普与我们一拍即合，非常认同我们对俱乐部的期望，也理解球队、球迷和这座城市之间的感情，这是他决定出任利物浦主教练的重要原因之一。安菲尔德球场的球迷很挑剔，只有真正优秀的人，才能赢得他们的尊重和喜爱。我们拿下重要比赛的胜利后，他经常挥拳庆祝，这充分说明他与 KOP 还有全世界利物浦球迷是双向奔赴、心意相通。

约翰·W. 亨利

芬威体育集团老板

告别在即，克洛普最后一次
在安菲尔德球场发表演讲。

THANK YOU
LUV

篮球系列
BASKETBALL

《曼巴精神：科比自传》
作者：[美]科比·布莱恩特 译者：黄祎

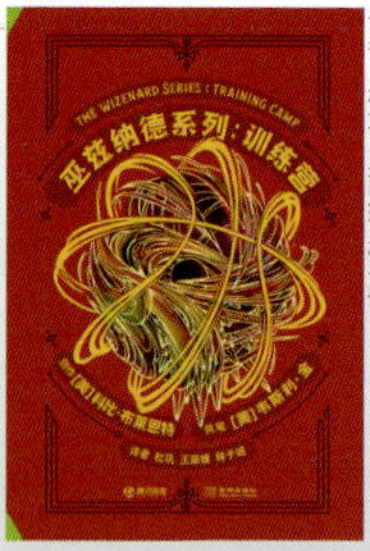

《巫兹纳德系列：训练营》
作者：[美]科比·布莱恩特 [美]韦斯利·金
译者：杜巩 王丽媛 林子诚

《漫长的告别：科比全传》
作者：张佳玮

《乔丹法则》
作者：[美]萨姆·史密斯 译者：孙彦川

《加内特自传：铁血信条》
作者：[美]凯文·加内特 [美]大卫·瑞兹 译者：三猎

《一生热爱：韦德自传》
作者：[美]德维恩·韦德 译者：三猎

《永不妥协：罗斯自传》
作者：[美]德里克·罗斯 [美]萨姆·史密斯
译者：余焱琳

《波什自传》
作者：[美]克里斯·波什 译者：戴高乐

《硬核第六人：伊戈达拉自传》
作者：[美]安德烈·伊戈达拉 译者：林子诚

《剑道：雷·阿伦自传》
作者：[美]雷·阿伦 译者：虎扑篮球 三猎

《侠道：韦德传》
作者：张佳玮

《永不退场：蒂姆·邓肯传（告别版）》
作者：张佳玮

《那个被叫做『皇帝』的男人：勒布朗·詹姆斯传》
作者：张佳玮

《THE ANSWER：阿伦·艾弗森传》
作者：张佳玮

《梦之队》
作者：[美]杰克·麦卡勒姆 译者：于嘉

足球系列
FOOTBALL

《那些年，我们一起追的球星Ⅰ》
作者：《天下足球》

《那些年，我们一起追的球星Ⅱ》
作者：《天下足球》

《那些年，我们一起追的球星Ⅲ》
作者：《天下足球》

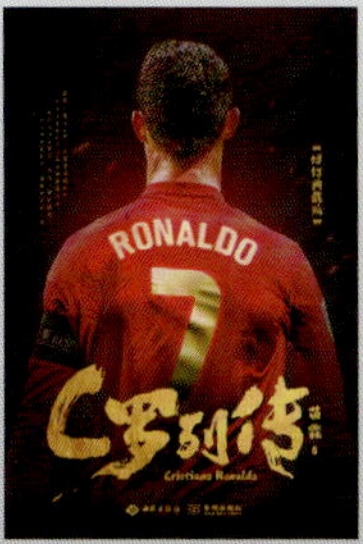

《C罗列传（特装版）》
作者：苗霖

《硝烟之子：莫德里奇传》
作者：[西]文森特·阿兹塔特 [西]何塞·曼努尔·普尔塔斯
译者：汪天艾

《狼王：托蒂自传》
作者：[意]弗朗切斯科·托蒂 [意]保罗·孔多
译者：朱晓雨 陈坚

《我的成长，我的热爱：孙兴慜自传》
作者：[韩]孙兴慜 译者：宋青云

《追风年代：欧文自传》
作者：[英]迈克尔·欧文 [英]马克·埃格林顿
译者：搜达足球 陈丁睿

《生为红魔：卡里克自传》
作者：[英]迈克尔·卡里克
译者：夏熙明 张敬铧 容文礼

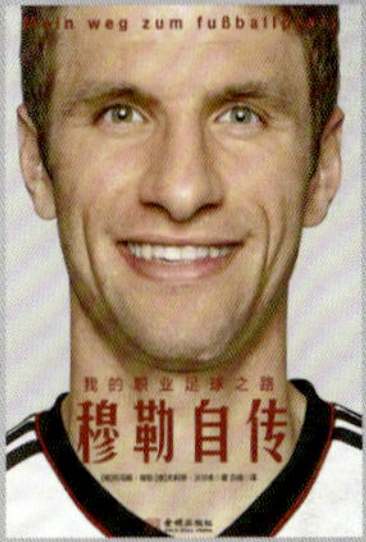

《我的职业足球之路：穆勒自传》
作者：[德]托马斯·穆勒 [德]尤利安·沃尔夫
译者：吕楠

《艺术大师：伊涅斯塔自传》
作者：[西]安德烈斯·伊涅斯塔 译者：葛云 贾永华

《舍甫琴科自传：从基辅到圣西罗》
作者：[乌克兰]安德烈·舍甫琴科 [意]亚历山德罗·阿尔恰托
译者：小五 沈天浩

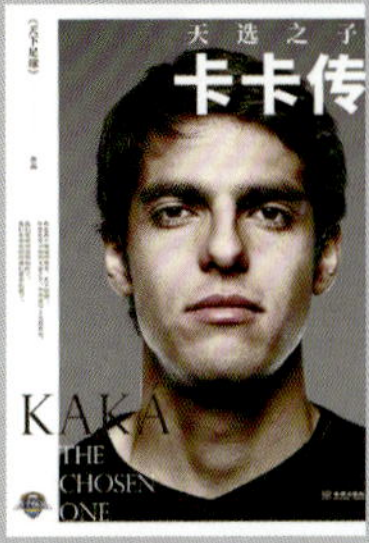

《天选之子：卡卡传》
作者：《天下足球》

《杰拉德自传：永不独行，我的利物浦岁月》
作者：[英]史蒂文·杰拉德 译者：陈文江

《我，就是足球：伊布自传》
作者：[瑞典]兹拉坦·伊布拉西莫维奇 译者：《天下足球》

《亚历克斯·弗格森：我的自传》
作者：［英］亚历克斯·弗格森 译者：颜强 田地

《亚历克斯·弗格森：我的自传》（精装版）
作者：［英］亚历克斯·弗格森 译者：颜强 田地

《我的红白人生：温格自传》
作者：［法］阿尔塞纳·温格 译者：颜强

《我的转身：克鲁伊夫自传》
作者：［荷］约翰·克鲁伊夫 译者：陈文江

《曼城俱乐部官方传记》
作者：英国曼彻斯特城足球俱乐部 译者：何小毕

《曼联俱乐部官方传记：红魔英超三十年》
作者：英国曼彻斯特联足球俱乐部 译者：何小毕

《克洛普时代：利物浦俱乐部官方传记》
作者：英国利物浦足球俱乐部 译者：何小毕

《赢家：齐达内传》
作者：［荷］帕特里克·福特 译者：何小毕

《欧冠之王：皇马十五冠图文史诗》
作者：《体坛周报》

《皇家荣耀：皇家马德里传奇功勋志》
作者：《体坛周报》

《红黑荣耀：AC米兰传奇功勋志》
作者：《体坛周报》

《红蓝荣耀：巴塞罗那传奇功勋志》
作者：《体坛周报》

《足球圣殿：世界杯图文全史》
作者：《体坛周报》

《足球圣殿：世界杯图文全史（典藏版）》
作者：《体坛周报》

《冠绝欧洲：欧冠图文全史》
作者：《体坛周报》

《蓝白王朝：阿根廷三冠史诗》
作者：《体坛周报》著

PIONS LEAGUE
信念 激情 永不放弃
克洛普带来的 远不止冠军

YOU'LL NEVER WALK ALONE
LIVERPOOL
FOOTBALL CLUB
EST·1892